ein Ullstein Buch

ÜBER DAS BUCH:

Tagebuchaufzeichnungen über eine Reise um die Welt (1981–1986) sind die Grundlage dieses Buches. Aber der Autor wollte keinen chronologischen Reisebericht wie so viele schreiben. Er beschränkte sich auf schlaglichtartige Schilderungen besonders typischer Erlebnisse: im Englischen Kanal, in Spanien, auf Nachtwache im Passat, in der Karibik und im Panamakanal; Höhepunkt der Reise war die Zeit auf den Inseln der Südsee und in Neuseeland. Im Schutz des Großen Barriere-Riffs segelte *Atair II* an der Ostküste Australiens entlang und über den Golf von Carpentaria und die Timorsee in den Indischen Ozean. Der allerdings zeigte sich den Seglern von seiner rauhen Seite, so daß sie einige Monate brauchten, um sich in Südafrika zu erholen. Über St. Helena und die Azoren ging es dann nach Hause. »Wir fragten uns, ob wir im Jahre eins nach Tschernobyl nicht lieber nach Westen abdrehen und weitersegeln sollten«, berichtet der Autor. Aber die Bindungen an die Heimat waren stärker. – Kurz gibt kein verklärtes, romantisches Bild des von immer mehr Zivilisationsmüden angestrebten Aussteigerlebens. Mit dem scharfen Blick des Erfahrenen schildert er auch die Widrigkeiten, mit denen die vielerorts bereits unerwünschten Blauwassersegler zu kämpfen haben. Und die Distanz läßt ihn auch jene Probleme klarer sehen, an denen seine Heimat leidet. So entstand nicht nur ein abenteuerlicher, sondern auch ein nachdenklicher Bericht, der vielen, die ähnliche Träume nähren, eine wertvolle Entscheidungshilfe sein kann.

DER AUTOR:

Klaus-P. Kurz segelt seit seinem vierzehnten Lebensjahr: zuerst Jollen auf Binnenseen, später Kielkreuzer auf Ost- und Nordsee und im Mittelmeer. Auch beruflich blieb der Offizier der Bundesmarine der See verbunden. Bis ihm und seiner Frau die drei, vier Urlaubswochen im Jahr zu wenig wurden. Er quittierte den Dienst, studierte Geographie, Geologie und Ozeanographie in Kiel und rüstete den Colin-Archer-Nachbau *Atair II* für die geplante Weltumsegelung aus. 1980 beendete er sein Studium, und im Frühjahr 1981 begann die Weltumsegelung. Heute wie damals lebt der Autor in Schleswig-Holstein, aber sein Boot hat er verkauft: »Irgendwie gewöhnte ich mich daran, weiße Segel draußen vorbeiziehen zu sehen und nicht mehr dabei zu sein, wenn Boote seeklar gemacht werden für weite Reisen.«

Klaus-Peter Kurz

Westwärts wie die Wolken

Die Gaffelketsch *Atair II* segelt um die Welt

ein Ullstein Buch

ein Ullstein Buch/maritim
Nr. 22111
Herausgegeben von
J. Wannenmacher
im Verlag Ullstein GmbH,
Frankfurt/M – Berlin

Originalausgabe

Umschlagentwurf:
Hansbernd Lindemann
Umschlagfoto: Klaus-P. Kurz

Fotos: Klaus-P. Kurz
Zeichnungen: Adrian Mellon
Printed in Germany 1989
Gesamtherstellung:
Clausen & Bosse, Leck
ISBN 3 548 22111 X

Mai 1989

Inhalt

Vorbemerkung

Grundlage dieses Buches sind meine Tagebuchaufzeichnungen vom Mai 1981 bis Juli 1986. Aneinandergereiht und gefiltert hätten sie auch einen zusammenhängenden Reisebericht ergeben. Ganz bewußt habe ich aber auf diese Art der Darstellung verzichtet und die vorliegende Form gewählt.

Kurze Schilderungen der in sich geschlossenen Reiseabschnitte schienen mir nämlich besser geeignet, das Wesentliche der langen Reise herauszustellen. Einzelerlebnisse, markante Gestalten und abgegrenzte Eindrücke ergaben schließlich in ihrer Summe für mich das, was man Erfahrung nennt, und die möchte ich vor allem weitergeben. An Hand der Zeittafel im Anhang wird es aber leicht möglich sein, dem roten Faden zu folgen, der über 38000 Seemeilen abgerollt wurde.

Zwischen die Episoden sind Rezepte eingeschaltet, die wir von Freunden erfuhren oder selbst entwickelten. Mögen sie als Anregung dienen im Kreis all jener, denen mein Bericht gewidmet ist: Gesprächspartnern, die Anlaß zum Nachdenken gaben, die aufgeschlossen waren und es noch nicht verlernt hatten, zuzuhören; Menschen, die Einfühlungsvermögen und Phantasie bewiesen; den fröhlichen, heiteren Vagabunden der Meere.

Aufbruch

Unser Heim ist ein kleines Einfamilienhaus mit weißen Mauern, rotem Dach und grün abgesetzten Fensteröffnungen. Es liegt inmitten eines großen Grundstücks. Obstbäume wachsen dort, ein stattlicher Nußbaum überragt die kleine, spitzgiebelige Garage.

Im Sommer blühen überall im Garten bunte Blumen; es duftet nach den Kiefern und Fichten des nahen Waldes, und fast immer rauschen die Blätter der großen Buche im Wind, von dem es hier an der Ostseeküste Holsteins allemal genug gibt. Im Winter heult er oft klagend im Kamin, reißt Äste von den Bäumen und treibt loses Laub zu nassen, dunklen Haufen zusammen. Dicke Regenwolken jagen dann von Westen heran, und so ungemütlich und naßkalt es draußen im ständigen Halbdunkel auch sein mag, drinnen ist's warm und behaglich.

Bei Ostwind, der über die kalten Gewässer der Ostsee heranfegt, fällt oft Schnee. Dicke weiße Flocken häufen sich dann zu meterhohen Verwehungen. Die Schritte knarren im frostigen Weiß, und die Luft ist klar und blau. Geht man an einem solchen Wintertag durch unsere Gartentür und die stille Allee hinab zur Förde, zum Fähranleger, hat man von dort einen prächtigen Blick: Über der in der Kälte rauchenden Wasserfläche sieht man im Süden die Kräne, Hellinge und Docks der Werft, im Südwesten die Spieren der *Gorch Fock*, im Westen die Signaltürme und Schleusentore des Nord-Ostsee-Kanals und die grauen Schiffe der Marine. Weiter nach Norden schweift der Blick bis zum Leuchtturm von Friedrichsort. Dann verlieren sich die grauweißen Konturen hinter Schilksee in der Ferne, und der Horizont wird höchstens unterbrochen durch eine Rauchwolke, durch die Aufbauten oder Masten eines einlaufenden Schiffes.

Eiskalt flötet der Wind auf dem Brückengeländer, vereinzelte Möwen kreischen in der Luft. Dann läßt sich eine auf einem weißköpfigen Dalben des fast leeren Yachthafens nieder. Man fröstelt, zieht den Mantelkragen enger und verläßt eiligen Schritts den Anleger, denn zu Hause gibt's gleich Tee mit Rum vor dem knisternden Feuer.

Eine Idylle? Ein Bild der Ruhe und Beschaulichkeit, gelöst aus der Wirklichkeit des Alltags?

Als wir uns Jahre später in tropischer Hitze bewegten, als der Schweiß in Strömen floß und man nachts in der schwülen Luft nicht richtig schlafen konnte, da stand es so manches Mal als Vision vor unseren Augen, und wir wünschten uns tatsächlich etwas von der heimatlichen Kühle, sehnten uns nach einem kleinen Stück vom großen Bild, dessen Farben mit zunehmender Entfernung an Leuchtkraft gewannen.

Weshalb also segelten wir fort, tauschten Kälte gegen Hitze, Bequemlichkeit gegen Unbehaglichkeit und Sicherheit gegen Ungewisses? Wir stammten beide aus sogenanntem »guten Hause«, genossen eine vortreffliche Erziehung und Schulausbildung, haben oder hatten angesehene Berufe als medizinisch-technische Assistentin und Offizier der Bundesmarine. Unser gemeinsames Einkommen erlaubte uns einen recht hohen Lebensstandard. Wir haben keine Kinder, waren und sind gesund und hatten niemals wirkliche Sorgen. Waren wir also glücklich und zufrieden?

Oft denke ich dann an ein anderes Bild: Es ist sieben Uhr morgens. Hastig wird das Frühstück verschlungen. Ich ziehe den dicken Wintermantel an, lösche das Licht im Flur, öffne die Haustür. Draußen regnet es in Strömen. Es ist dunkel, kalt und neblig trüb. Regenflagen peitschen fast horizontal durch den Schein der Straßenlampen. Ich steige in den Wagen, starte den Motor, schalte Licht, Scheibenwischer und Radio ein und rolle wenige Meter bis zu der Fahrzeugschlange, die manchmal von Heikendorf bis zum Kieler Hauptbahnhof reicht. Inzwischen ist es fünf nach sieben. »Hier ist das Verkehrsstudio. In Kiel sind die Ampeln ausgefallen. Polizeibeamte regeln den Verkehr. Wegen Stauungen ist mit erheblichem Zeitverlust zu rechnen.«

Dann folgen Schlager, die vom Urlaub singen, von Sonne, guter Laune, von Liebe und Glück. Dazwischen erhält man wertvolle Hinweise, welches Waschmittel weißer wäscht, wo der sparsame Bürger Möbel zu kaufen hat und welcher Tampon sicher macht. Die Wände der Häuser glitzern vor Nässe. Die Scheibenwischer huschen hin und her. Irgendwo weiter vorn blitzt Blaulicht. Fußgänger hasten zur Straßenbahn und klettern mit nassen Kleidern in die überfüllten, grell erleuchteten Waggons. Autos rollen im Schrittempo nebenher: müde Gesichter, stumpf vor Langeweile, Gähnen. Andere lesen die Bild-Zeitung. Bei den Werkstoren von HDW steigen viele aus und rennen, Schutz vor dem Regen suchend, zu ihrer Arbeit an Pressen, Kränen und Schweißgeräten.

Um Viertel nach sieben trifft sich unsere Schlange mit der aus den südlichen Vororten der Landeshauptstadt: Stop-and-go-Verkehr, Hupen, Vogelzeigen. Weiter stadteinwärts kommen wir besser voran. Ich setze meine Frau bei ihrer Klinik ab, wo sie bis nachmittags an Pipetten, Knöpfen und Schaltern irgendwelcher Analyseapparate arbeitet.

Ich fahre weiter zum Marinestützpunkt. Der Wachmann am Schlagbaum winkt mich ohne Ausweiskontrolle durch. Ein Blick auf die Uhr: Es ist 0725 h. Ich hetze an Bord meines Schiffes. Der Posten an der Gangway steht wie leblos im Regen. In der Offiziermesse gibt's Neuigkeiten: Wir nehmen nicht am großen Seemanöver der NATO teil, weil unsere Antriebsanlage defekt ist. Auf fast allen Gesichtern steht unverhohlene Freude. Dann dröhnt der Lautsprecher: »Antreten zum Dienst!« Die Arbeitsverteilung überzieht uns alle mit ihrem Einerlei. Ich kenne die Worte des Divisionschefs schon auswendig. Sie sind kernig, wohlpointiert, manchmal scharf, auch wenn's um Toilettenreinigung, Schuhputzen und Verlängerung des Wochenendurlaubes geht. An den Soldaten fließt das alles – schon wegen Wind und Regen – unverstanden ab.

Anschließend beginnt mein Tageswerk: endlose Munitionsverbrauchslisten erstellen, zum soundsovielten Male Rollenpläne ändern. Heute habe ich keine Wache, also ist um 1600 h Dienstschluß. Auf meinem Weg zur Gangway kommen mir die ersten Angetrunkenen entgegen. Es regnet immer noch oder schon wieder, richtig hell war's den ganzen Tag nicht.

Wieder tasten sich Tausende von Scheinwerferpaaren durch die Dunkelheit. Stoßstange folgt Stoßstange – nur diesmal anders herum. Im Labor meiner Frau gab's Ärger, der Chef war ungerecht, die Arbeit nimmt überhand. Ich nicke und höre schweigend zu. Die Nachrichten berichten von einem neuen Giftskandal, von mehreren Verletzten bei einer Straßenschlacht. Auf der Autobahn starben in einer Karambolage beim Bremer Kreuz vier Menschen.

Dies war ein Tag wie viele andere, und Millionen nehmen ähnliche hin – mit einem Achselzucken vielleicht. Tag für Tag, Monat für Monat, Jahr für Jahr. Vom Ende ihrer Ausbildung bis zum Pensionsalter. Fünfundvierzig Jahre lang, bei einer Lebenserwartung von durchschnittlich zweiundsiebzig Jahren. Aber man hat nur *ein* Leben...

Sollte es keine Möglichkeit geben, dieses wertvollste Gut mit mehr auszufüllen als mit Eindrücken aus Blech und Beton, aus Boulevardpresse, Fernsehen und Berufsroutine? Könnte man nicht wenigstens einige Zeit den Zwängen unserer Konsumgesellschaft entfliehen, diesem vorgekauten Dasein, in dem eigene freie Entscheidungen immer seltener werden? Die damit einhergehende Langeweile ist bezeichnend für unsere Zeit, denn Fernsehapparat, Bundesliga, Stereoanlage und Horrorfilme, teure Möbel und Mode sind kein Lebensinhalt. Aber eines Tages fand ich die Lösung, eine einfache amerikanische Formel: »If life get's boring – risk it!« Wenn dich das Leben langweilt, setze es aufs Spiel.

Seit meinem vierzehnten Lebensjahr segle ich: Jollen auf Binnenseen, einen kleinen stählernen Kielkreuzer auf dem Bodensee. Dann folgten Kutterfahrten bei der Marine auf dem Rhin bei Glückstadt und auf der Förde um Flensburg. Jedes freie Wochenende verbrachte ich mit Kameraden in der dänischen Inselwelt, und oft träumten wir von der großen Ferne. Wir erwarben alle möglichen Segelscheine, und immer länger und weiter wurden die Reisen. Auf dem ersten eigenen Boot begleitete mich meine Frau Bärbel nach Anholt und Gotland, nach den Kanalinseln und nach Spanien.

Als ich eines Tages aus dem Ostseebereich nach Wilhelmshaven versetzt wurde, mußten wir unsere erste *Atair* verkaufen. Doch gesegelt wurde weiter, mit gecharterten Booten auf Mittelmeer und Ostsee. Zwei, drei Wochen Freiheit und Ungebundensein gönnten wir uns pro Jahr, dazu einige wenige sonnige Wochenenden – ansonsten verging die Zeit mit Alltag. Wie sagte Alexander von Humboldt? »Und draußen wartet das Abenteuer!«

Aus langen, sich oft im Kreis drehenden Gesprächen entstand in dieser Zeit unsere neue Lebensplanung: Ich würde meinen Dienst quittieren und studieren; anschließend wollten wir segelnd unsere Erde »erfahren«. Es folgten für uns beide nicht ganz einfache Jahre. Wieder Schulbank drücken und pauken – Geographie, Geologie und Ozeanographie an der Universität Kiel –, als Dreißigjähriger unter Achtzehnjährigen. Aber es wurde auch eine schöne, abwechlungsreiche Zeit. Die gewählte Fächerkombination erschien mir sinnvoll im Hinblick auf die geplante Reise, denn ich konnte mit den neu erworbenen Kenntnissen doch mehr Nutzen aus den zu erwartenden Eindrükken ziehen, als dies einem Normaltouristen möglich war.

Ab 1976 entstand das neue Boot, unsere *Atair II*. Sie war ein Nachbau der legendären norwegischen Rettungsboote, von Colin Archer gezeichnet, und lief im folgenden Frühjahr in Finkenwerder vom Stapel. Bei Schnee und Regen riggten wir sie als Gaffelketsch und verließen in einer nassen und windigen Märznacht die Elbe.

Die nächsten Jahre vergingen schnell. 1980 beendete ich mein Studium, im März 1981 kündigte Bärbel ihre Stellung, und wir lösten unseren Haushalt auf. Einige Freunde, Bekannte und Verwandte, ernstzunehmende und weniger kompetente Ratgeber, äußerten Bedenken, Ablehnung, zeigten Unverständnis und Erstaunen, als sie von unseren Plänen erfuhren. »Wie kann man nur eine gesicherte Existenz so leichtfertig aufs Spiel setzen? Den Mut hätte ich nie. Schmarotzer, Egoisten, Aussteiger!« Eine Fülle von wenig schmeichelhaften Attributen wurde uns zuteil. Gering war die Anzahl derer, die unser Vorhaben positiv beurteilten, selbst aber daran gehindert waren, ähnliches zu tun. Aber alle, auch wir selbst, stellten irgendwann die große Frage: »Was kommt danach?«

Wir blieben die Antwort schuldig, wußten wir doch selbst nicht, wie dieses neue Leben uns verändern würde. Würden wir jemals wieder Fuß fassen können in unserer engen Gesellschaft, nachdem wir die große Weite erlebt hatten? War das Risiko den Einsatz wert? Oder stiegen wir zwangsläufig für immer aus der Gemeinschaft der Konsumbürger aus? Wir wußten es nicht und standen besonders psychisch vor einer großen Bewährungsprobe. Aber da waren die Beispiele anderer Langzeitsegler: die Kochs, Hiscocks, Erdmanns, Moitessier – die alte Garde –, und die damaligen Neulinge Kammler und Gieseking. Alle zog es erneut hinaus, keiner wurde wieder seßhaft. War unsere Zukunft also bereits programmiert? Eltern und andere nahe Verwandte hatten für uns nur wegwerfende Handbewegungen, empörte Bemerkungen wie: »Wenn alle so dächten, was würde dann aus unserem Staat, unserer Zukunft, unserer Rente?« Aber schließlich haben zum Wohle aller, die so denken, nur die wenigsten solche Pläne wie wir, und diese Gewißheit ließ uns frohgemut die Segel setzen.

Wahl des Schiffes

Mit unserem Boot lagen wir hinsichtlich seiner Größe im oberen Bereich des Mittelfeldes. Man kann sagen, daß heutige Langstreckensegler Fahrzeuge zwischen zehn und vierzehn Metern Rumpflänge bevorzugen; dabei geht die Tendenz eindeutig zum größeren Boot.

Wer es sich leisten kann, folgt diesem Trend, denn mit zunehmender Bootsgröße steigt die Bequemlichkeit auf See. Dazu gehört nicht nur der umfangreichere Lebensraum an Bord. Das Seegangsverhalten ist angenehmer, die Etmale sind meistens größer, und das schwimmende Heim ist vor Anker fast immer stabiler. Höhere Liegegebühren fallen nur selten ins Gewicht, denn noch zahlt man nur an ganz wenigen Plätzen für den Ankeraufenthalt – selbst dann nicht, wenn die Kette schon Gefahr läuft, mit den Korallen zu verwachsen.

Aber natürlich schlagen die Unterhaltskosten bei größeren Schiffen ganz anders zu Buche. Man denke nur an die fünfundzwanzig Liter Antifoulingfarbe für einen Vierzehn-Meter-Langkieler, für die man damals rund 300 US-Dollar hinzublättern hatte.

Lagen wir mit den Dimensionen unserer *Atair* noch im üblichen Rahmen, so sprengten wir ihn in den Augen vieler »Kollegen«, wenn es um unsere Takelung ging. Gaffelsegel seien ein Anachronismus, hieß es. Sie seien wenig effektiv, schwer zu handhaben und schrecklich schamfilgefährdet. Ich möchte hier nicht den alten, meiner Ansicht nach längst entschiedenen Streit zwischen Anhängern von Gaffel- und Hochrigg wieder aufwärmen. Aber es ist zu bedenken, daß die alte Kontroverse in erster Linie deshalb zugunsten des Hochriggs ausging, weil es hoch am Wind eindeutig besser ist.

Auf einer Weltumsegelung aber versucht man, Am-Wind-Strecken weitgehend zu vermeiden, und dann sieht die Leistungsbilanz schon wieder anders aus: Ein Gaffelsegel kann vor dem Wind relativ mehr Segelfläche bieten als ein vergleichbares Hochsegel; es ist unter allen Umständen leichter zu reffen, und bei Flaute schlägt es im Seegang längst nicht so herzerweichend, weil man Baum *und* Gaffel mittels Bullenstander und Geer festsetzen kann.

Wenn ich alle weiteren Vor- und Nachteile gegeneinander aufrechne, kommt unter dem Strich ein ganz achtbarer Rang für das Gaffelsegel heraus. Und dann tauchen in meinen Gedanken zwei Erlebnisse auf: Das erste betrifft die *Curlew* von Tim und Pauline. Sie war ein kleiner, gaffelgetakelter Kutter, der regelmäßig bei Regatten in der neuseeländischen Bay of Islands vordere Plätze belegte, oft sogar gewann, und dabei gab es einiges zu kreuzen. Das zweite betrifft die Viertausend-Meilen-Langstrecke von St. Helena zu den Azoren, die in vier völlig verschiedene Etappen zerfällt: Zunächst vor dem Wind im Südostpassat bis in die Mallungen, wo man sich mit Flauten und Gewittern herumzuschlagen hat; dann die Bolzerei hoch am Wind quer durch den Gürtel des Nordostpassats und zu guter Letzt die Fahrt durch die windschwachen Roßbreiten, wo Brisen meist von vorne kommen. Wir waren siebenunddreißig Tage unterwegs und damit nur vier Tage langsamer als *Talofa*, eine moderne Aluminiumyacht, die eine zahlenmäßig doppelt so starke Crew besaß.

Trotz dieser guten Bilanz für Gaffelsegel möchte ich auf einer zukünftigen Reise keine mehr haben. Denn für mich ist ihr größter Nachteil das fehlende feste Achterstag. Für eine kräftige, zahlreiche Crew ist dieser Mangel kaum ein Problem, denn manche Tricks wirken da Wunder. Aber ein Ehepaar hat bei jeder Halse mehr als genug zu tun, und ich möchte nie mehr bei hohem achterlichem Seegang und viel Wind beinahe gleichzeitig zwei Backstagen umsetzen, drei Schoten bedienen und das Ruder legen müssen.

Also doch Bermudasegel? Ja, aber nur bei Winden, die vorlicher als raum kommen. Sonst Stag- und Rahsegel, aber das ist eine andere Geschichte.

Sturm vor Margate

Es ist später Nachmittag. Von Südwesten jagen dichtgedrängt schmierigweiße Wolken mit kräftigem Grauschleier heran. Unter wenig Tuch liegt *Atair II* hart am Wind in den graugrünen Seen der südwestlichen Nordsee.

»Ree!« Die Masten klettern in die Senkrechte, Segeltuch knattert im Wind. Der Klüver entscheidet sich für die neue Leeseite und wird schnell gebändigt. Winschen schnurren, Blöcke quietschen. Langsam nimmt das Boot wieder Fahrt auf und beginnt von neuem die weiß geäderten Roller zu erklettern, die aus der Straße von Dover heranlaufen. Wir sitzen, in gelbes und rotes Ölzeug gehüllt, triefend im Cockpit, denn der behäbige Colin-Archer-Bug schleudert in ziemlich regelmäßigen Abständen Gischtwolken nach achtern.

Unser Kielwasser ist breit, weiß, wie mit dem Lineal gezogen, und der Vergleich mit einem plättenden Bügeleisen drängt sich auf, wenn man sieht, wie der schwere stählerne Schiffskörper sich durch die anrennenden Wasserfalten schiebt. Auf diesem neuen Kurs werden wir die South Falls Bank nördlich passieren. Dann wollen wir uns, wenn sich das Wetter nicht verschlechtert, in kurzen Schlägen nach Dover voranarbeiten.

Doch was sich da vom Ärmelkanal her zusammenbraut, sieht nicht gut aus. Eine dunkle Wolkenbank steht drohend am Horizont, und die schon tiefe Sonne schickt einzelne Strahlenbündel wie Blitze über die See. Weit draußen im Fahrwasser ziehen unbeirrt und unbehelligt die Großen ihre Bahn – wie Lkw auf der Landstraße. Aber wir Kleinen haben jetzt zu kämpfen.

Als die rostige schwarze Tonne mit den beiden Kegeltoppzeichen achteraus fällt, rauscht die erste schwere Bö heran. Auf der Untiefe steht schon brodelnder Seegang. Dann fegt die düstere Regenwand über uns hinweg. »Huiii!« macht der Wind. *Atair II* legt sich weit über. Grünes Wasser spült an Deck. Zischend läuft es den Wassergraben entlang und verläßt als gläserner Schaum die Speigatten in Lee. Sonnenuntergang. Grellweiß strahlt der Stern von einem bitterbösen Abendhimmel. Davor dräut verschwommen als dunkle Masse die Küste Englands. Wo ihre höchste Erhebung weit nach Osten vorspringt, steht auf North Foreland einer der wichtigsten Leuchttürme dieser Gegend. Eben jetzt huscht sein Schein über die Kimm.

Geht nicht etwas überaus Beruhigendes von diesen Feuern aus?

Ganz besonders aber versprechen sie in solch gräßlichem Wetter Sicherheit, Ruhe und Verlaß.

Nach der nächsten Wende erreicht der Wind beständig Stärke acht, und dann kentert der Strom. In den letzten Stunden war er mit uns gewesen, hatte uns zu einigen zusätzlichen Meilen in Richtung Dover verholfen. Nun aber drängt er uns zurück in die Nordsee. Gegen den stürmischen Wind und gegen die Tide werden wir bald unseren mühsam errungenen Raumgewinn verlieren. Und tatsächlich: Recht voraus, eben neben der Klüverbaumnock, blinkt das Feuer der Tonne, die wir vor einer Stunde passierten.

Uns ist kalt, Hände und Füße sind klamm, aufgequollen vor Nässe. Außerdem ist uns klar, daß es in der kommenden Nacht wenig, vielleicht gar keinen Schlaf geben wird, denn Wenden sind »All-hands-Manöver«. Jede Stunde über Stag zu gehen ist geplant. Nur so werden wir der Versetzung einigermaßen Herr, und nur so weit können wir sicher in diesem engen Fahrwasser auf einem Bug segeln. Glänzende Aussichten! Niemand freut sich auf die Nacht, schon gar nicht, als der Wind in Böen noch stärker wird. Er heult jetzt im Rigg, und der Rumpf beginnt stärker zu zittern, wenn der Bug wieder und wieder in eine anrollende See schlägt. Wir sind zu schnell, müßten eigentlich nochmals reffen, vielleicht sogar den kleinen Klüver bergen. Die Schiffsbewegungen hören auf, weich und nachgiebig zu sein. Statt dessen harte Schläge, ruckartige Beschleunigungen und Verzögerungen – manchmal waschen Brecher über Deck. Doch Beidrehen unter Sturmsegeln kommt nicht in Frage. Der Schiffsverkehr weiter draußen ist gefährlich nahe, wir müssen manövrierfähig bleiben. Aber wie wäre es, wenn wir abfielen, auf den bequemen Kurs in die Themsemündung gingen und dort irgendwo in Ruhe vor Anker abwarten würden?

Schnell nach unten an die Karte. Margate Reede scheint ohne Hindernisse und gut befeuert; das südliche Themseufer ergäbe Landschutz gegen den Südweststurm. Ich bespreche mich mit Bärbel. Wir sind beide dafür, hier aufzugeben, uns und *Atair* zu schonen.

Mit halbem Wind jagt das Boot wenig später durch die Nacht. Regen fliegt horizontal durch die Luft, in Luv der Backbordlaterne rot, in Lee der anderen geisterhaft grün beleuchtet. Weitere Feuer kommen heraus, Schiffe ziehen fern flußaufwärts nach London oder hinaus auf See. In Landnähe wird die See ruhiger. Es riecht plötzlich nach nasser Erde, nach Schlickbänken und Tang. Als wir den Klüver bergen, orgelt eine gewaltige Bö über uns hinweg.

»Festhalten!« brülle ich Bärbel zu. Sie tut's sowieso, sieht mich aber verständnislos an, denn sie hat mich nicht gehört, obwohl ich nur zwei Meter von ihr entfernt im Klüvernetz liege, bis zum Hals im Wasser.

In fieberhafter Eile mache ich den schweren Stockanker klar, denn das Feuer von North Foreland ist schon nah, und die ersten Tonnen vor Margate sind bereits schwach zu sehen. Ich habe große Mühe, mich vorn festzuhalten und die Kette am Roring einzuschäkeln, Stock und Schäkel zu sichern, die Winsch klarzumachen. Innen und außen von Schweiß, Seewasser und Regen völlig durchnäßt und ziemlich flügellahm, klettere ich zurück ins Cockpit.

Da wir nur eine kleinmaßstäbliche Karte, einen sogenannten Übersegler, für dieses Seegebiet an Bord haben, wird die Ansteuerung des Ankerplatzes nicht nur wegen des schlechten Wetters schwierig und riskant. Unbeleuchtete Bojen, vielleicht sogar Wracks und andere Unreinstellen bilden Gefahren, Sände und Stacks drohen. Wie setzt dort jetzt die Strömung?

Nach einer letzten Wende segeln wir recht dicht unter Land auf die Lichter von Margate zu. Im Doppelglas erkenne ich steile Küstenabbrüche, obenauf die Stadt, davor weite, glänzende Schlickflächen. Noch ist Ebbe, und nur langsam kommen wir flußaufwärts voran. Loten: acht Meter, sechs, acht, acht, gleichbleibend acht. Der Wind

Atair II *vor der britischen Südküste bei Beachy Head*

faucht in den Wanten, trägt Ölgeruch von Land herüber. Wir sind ungefähr eine halbe Meile davon entfernt, als uns plötzlich ein Scheinwerfer erfaßt. Totale Blendung! Der Lichtstrahl schwenkt seitwärts. Man signalisiert »U« für: »Sie begeben sich in Gefahr!« Also schnell abfallen. Was ist los? Einige unbeleuchtete Tonnen voraus sind kaum mit dem Fernglas auszumachen. Sie bezeichnen irgend etwas Langes, Dunkles. Ein Düker, eine Pier? Egal, nur weg!

Weiter oberhalb ein neuer Versuch. Vorsichtig tasten wir uns wieder Richtung Land. Voraus eine Gitterkonstruktion, mit einer Betonpier verbunden. Ja, das ist die Anlegebrücke; die ist sogar in unserer Karte verzeichnet. Hier sind wir richtig. Wir bergen die Fock, drehen in den Wind. Großschot los! Langsam kommt das Boot zum Stehen, treibt achteraus. Fallen Anker, runter mit dem Großsegel!

Der Sturm ist jetzt so stark, daß er Tang aus den Wellen reißt und an Deck ablädt. Wir kämpfen mit der Gaffel und dem wild um sich schlagenden Segeltuch. Die Ankerkette kommt steif; hält der Haken? Ja, sieht so aus. Aufklaren, Ankerlaterne setzen, Peilungen nehmen. Dann kocht Bärbel heißen, starken Kaffee in der gemütlich erleuchteten Pantry, während ich noch an Deck stehe. In jeder Bö krängt das Boot mit kahlen Masten wie besegelt, sogar hier unter Land vor Anker in geschütztem Wasser. Ich möchte nicht wissen, was uns draußen erwartet hätte! Der Wetterbericht warnt später vor Sturm- und Starkwindgefahr für alle Teilgebiete der Nordsee, und auf der Seenotfrequenz ist einiges los.

Wir schlafen beide nicht in dieser Nacht. Die Kette poltert, wenn sich das Schiff im Strom dreht, Wellen klatschen laut gegen den Rumpf, und im Rigg schreit der Wind. Vor allem aber sind wir in Sorge, ob der Anker hält. So gehen wir Wache, lesen Krimis, rauchen und trinken Kaffee, bis ein sehr englischer Morgen grau und düster über die trüben Fluten kriecht.

Im Seglermekka Cowes

Auf der Rückseite des abgezogenen Sturmtiefs mogelten wir uns zwei Tage später durch den Gull Stream nach Süden, und als sich abends in Dover die Tore des Wellington Docks hinter uns schlossen, warnte der Wetterbericht erneut vor schwerem Südweststurm.

Kaum waren unsere Festmacher belegt, als zwei alerte königliche Zollbeamte erschienen. Trotz ihrer tadellos sitzenden Uniformen stiegen sie gewandt an Deck und grüßten ausgesprochen höflich, wobei sich keinerlei Gemütsregung auf ihren Gesichtern zeigte. Der größere und zugleich dienstgradhöhere der beiden trug einen gepflegten Oberlippenbart und hatte wie sein Kollege militärisch kurzgeschnittene Haare. Mit einer Förmlichkeit, die so gekonnt nur von waschechten Söhnen Albions beherrscht wird, öffneten sie ihre Aktenkoffer. Man merke: Beide Handflächen an die Schmalseiten des Behälters gelegt, drücken die Daumen blitzschnell die Schnappschlösser hoch. Mit lässigem Schwung brachten die Herren beeindruckende Zeugnisse britischer Bürokratie ans Tageslicht.

Während ich mühsam die vielen Einklarierungsformulare ausfüllte, ließ sich der kleinere, etwas untersetzte Beamte zu einer außerdienstlichen Bemerkung hinreißen: »You had rough seas out?« – »Draußen war es ruppig?« Dabei zeigte er auf unser immer noch nasses Ölzeug am Niedergang. Ich nickte etwas gedankenverloren und reichte ihm die unterschriebenen Blätter. Stempel wurden auf Duplikate gedrückt – lautlos, versteht sich –, und ich bekam je eines der amtlichen Dokumente. Die Vertreter Englands erhoben und verabschiedeten sich mit Handschlag: »Enjoy your stay!« Einen schönen Aufenthalt? Draußen goß es in Strömen.

In Dover stießen wir auf noch mehr Britisches: Wir besichtigten die imposanten Festungsanlagen von Dover Castle – mit verwahrlosten Gebäuden, aber gepflegtem Rasen. Richard Löwenherz versammelte hier sein Kreuzfahrerheer zur Reise ins »Heilige« Land. Jahrhunderte später schlugen deutsche Granaten in Felsen und Wälle ein; eine Gedenktafel an der Hafenpromenade erinnert an jedes Geschoß mit Datum und Uhrzeit.

Ein typisch englischer Segelverein ist der Royal Cinque Ports Yacht Club mit gediegener, fast aristokratischer Atmosphäre, die bei der schweren, messingbeschlagenen Eingangstür beginnt. Im Vorraum liegt auf einem kleinen Sims unter dem Bild der Queen das Gästebuch.

Ich machte unsere Eintragung und fragte dann nach Telefon und Duschen. Mit nachsichtigem Lächeln zeigte mir eine sehr britische Dame das Gewünschte. Aber weder das eine noch das andere funktionierte. Der Fernsprecher nahm keine Münzen an, und die aus gebogenen Rohren ohne Verteilerköpfe bestehenden Duschen förderten bei aufgedrehtem Hahn Luft, bei geschlossenem einen haarfeinen, lauwarmen Wasserstrahl. Trotzdem kostete die Benutzung Geld – einerlei ob naß oder trocken.

Allzuviel Sehenswertes hat Dover nicht zu bieten, wenn man von den weißen Kliffs in seiner Umgebung absieht. Diese steilen, fast senkrecht ins Meer abstürzenden Felswände bestehen durchweg aus Kalkstein mit Mergel – und einigen Flintsteinlagen aus der Kreidezeit. Ein ins Gestein gehauener Pfad führte im Zickzack nach unten. Über ihn waren die alten Kasematten erreichbar, die in die Felsen gesprengt wurden. Düster war's in ihren Tunneln. Farne und andere Pflanzen überwucherten stellenweise die rostigen Geleise für die Munitionswagen, die Granaten an die einzelnen Kanonen zu befördern hatten. Alle paar Meter öffnete sich eine Geschütznische. Der Wind pfiff kalt vom Kanal herein und verdrängte den modrigen Geruch.

Draußen kam Nebel auf. Schließlich standen wir unten am Fuß der Kreideklippen. Über uns kreischten Seevögel, vor uns rauschte die Brandung – weit entfernt allerdings, denn es war Ebbe. In den noch wassergefüllten Rinnen huschten Taschenkrebse unter die Steine, als wir barfuß nach Napfschnecken suchten. Zu Hunderten brachten wir sie in einem Plastiksack abends nach Hause und bereiteten daraus eine schmackhafte Suppe. Köstlich erschien sie damals unseren noch nicht verwöhnten Gaumen, aber um ehrlich zu sein: Etwas zäh waren die Viecher schon!

Tagelang zogen dichte Nebelbänke über Hafen und Stadt. Manchmal war die Luft so dick, daß wir das vor uns ankernde Boot nur schemenhaft erkennen konnten. Zweimal verschoben wir deshalb das Auslaufen. Als aber der Wind auf Nord drehte, die Wolken sich aufzulösen begannen und der Wetterbericht ein Hoch westlich von Irland meldete, hielt uns nichts mehr.

Draußen wehte eine leichte feine Backstagsbrise, und die Sonne schien. Statt Ölzeug trugen wir kurze Hosen und T-Shirts, das Deck blieb trocken, und die Luken standen offen. Ja, so machte Segeln Spaß! Außerdem lief die Tide noch einige Stunden mit uns. Mit ihrer Hilfe machten wir sieben Knoten über Grund und entfernten uns rasch von der Straße von Dover, dem für Segler so gefährlichen Nadelöhr.

Als die Nacht hereinbrach, standen wir schon gut nördlich vom Hauptschiffahrtsweg und weit westlich von Dungeness, einem der Hauptfeuer dieser Gegend.

Die Spithead-Reede und damit die geschützten Gewässer nördlich der Isle of Wight erreichten wir tags darauf. Bembridge und Ryde zogen vorbei – kleine, in Tälern versteckte Ortschaften. Die Küsten der Insel sehen bezaubernd aus. Hohe, helle Felsabbrüche, grüne Senken, leicht gewelltes Land mit Knicks, die an Schleswig-Holstein erinnern. Im graublauen Dunst des Festlandes lag der Kriegshafen Portsmouth mit seinen Werften und den grauen Schiffen der Royal Navy. Hier ankerten einst die stolzen Dreidecker einer die Meere beherrschenden Seefahrernation. Eines dieser Schiffe, die *Victory* Lord Nelsons, ist noch heute hier beheimatet, gleichsam als Symbol der großen Vergangenheit.

Aber die Gegenwart schickte sich eben an, uns zu überholen: Eine Fregatte der *Leander*-Klasse eilte mit hoher Fahrt nach Westen, ohne auf die vielen Segler Rücksicht zu nehmen, die gleich uns an diesem Wochenende die Gewässer des Solent befuhren. Beim Segelbergen vor der Mündung des Medina River rollte *Atair II* deshalb wie wahnsinnig in der hohen Hecksee des Kriegsschiffs.

Cowes, das Seglermekka Englands und des internationalen Yachtsports, enttäuschte uns sehr. Unbeschreiblich war der Lärm der Luftkissenfahrzeuge, Tragflügelboote und Fähren, die zwischen hier und Southampton verkehrten. Der Medina-Fluß war überfüllt mit Segel- und Motorbooten, und in der Groves and Guttridge Marina mußten wir immense Liegegebühren bezahlen.

Am nächsten Tag schaute ich beim Werftbüro vorbei. »Guten Morgen«, sagte ich auf englisch, »können Sie mir vielleicht diese Windfahnenhalterung aus Niro anfertigen?« Ich zeigte einem mürrischen Herrn mit Wuschelkopf ein Muster aus schwarzem Stahl, das uns ein Schmied in Den Helder als Provisorium roh zusammengeschweißt hatte.

Verächtlich betrachtete der wahrscheinlich besseren Yachtstandard gewöhnte Manager die drei kurzen Stücke rostigen Eisenrohrs, die ein T mit doppeltem Querbalken bildeten.

»Sure. Natürlich können wir das machen. Sonst nichts?«

»Nein, das ist alles. In den Abmessungen bitte genauso, aber eben aus rostfreiem Stahl und sauberer gearbeitet.«

Er sah mich an, als wollte ich ihn beleidigen. »All right, kommen Sie morgen nachmittag wieder, dann wird's wohl fertig sein.«

Hohe, helle Felsabbrüche, grüne Senken und kleine Ortschaften: an der britischen Südküste

Groves and Guttridge baut teure Yachten und ist ganz andere Dimensionen gewöhnt; deshalb war ich froh, daß sie diese Lappalie überhaupt akzeptierten.

Cowes ist ein hübscher, stilvoller Ort, dem die Neuzeit noch nicht viel von seinem viktorianischen Charme genommen hat. Zwar steht neben einem uralten Pub mit niedriger, rauchgeschwärzter Decke auch hier ein Supermarkt aus fensterlosem Beton; Stehimbisse und Andenkenläden, Parkuhren und knatternde Mopeds wollen nicht so recht zu den alten Gaslaternen, schmalbrüstigen Fachwerkgiebeln und dem Kopfsteinpflaster passen. Aber die einundzwanzig blankpolierten Messingkanönchen beim Takelmast der Royal Yacht Squadron rücken das Bild wieder zurecht. Jeden Morgen erscheint eine eifrige Gestalt mit Putzwolle und Sidolinähnlichem, um die königlichen Böller nach salziger Nacht wieder auf Hochglanz zu bringen.

Auch das Jahrhundertereignis der britischen Gesellschaft verfehlte nicht seine Wirkung auf uns: The Royal Wedding, die königliche Hochzeit. Von Bonbonschachteln, Sammeltassen, Ansichtskarten, T-Shirts, von Bildern in Goldrahmen und auf Plakaten lächelten Lady Diana und Prinz Charles. Wir waren sehr beeindruckt. Nicht so sehr vom Glanz des Königshauses und der englischen Krone, mehr von der uns unverständlichen Tatsache, daß solcherlei immer noch einen großen Teil der Bevölkerung ansprach.

Tags darauf holte ich im Werftbüro den neuen Windfahnenhalter ab. Was ich zu sehen bekam, sprach nicht für das Erfinderland des Industriezeitalters. Grob waren die schief abgesägten Rohrstücke zusammengebrannt, Schlacke bildete große Klumpen, und Schnittkanten waren nicht entgratet. »So hätte ich's auch gekonnt«, sagte ich zum mürrischen Wuschelkopf.

»Well, warum haben Sie's dann nicht gemacht?« entgegnete er schlagfertig und hielt schon die Rechnung in der Hand.

Ich wurde blaß vor Ärger und Zorn, als ich die Endsumme sah. »Unverschämtheit, Halsabschneiderei!« Ich suchte nach noch stärkeren Worten. »Langsam verstehe ich, warum Englands Wirtschaft solche Schwierigkeiten hat.«

Doch der Werftmensch blieb ungerührt und öffnete demonstrativ eine uralte Registrierkasse. Wir brauchten das Ersatzteil dringend, sonst hätte ich's ihm vor die Füße geworfen. Daher bezahlte ich zähneknirschend und drehte Großbritanniens Werftindustrie für immer den Rücken.

Einige Tage blieben wir noch in den Flußwatten des Medina River.

Wenige Meilen oberhalb von Cowes lagen wir zwischen Pfählen beim Folly Inn, einer ehemaligen Schmugglerkneipe, und freuten uns über die liebliche Landschaft. Bei Niedrigwasser glänzten weite Schlickflächen graublau. Reiher stakten in den Flachs herum, und in den Prielen gluckste das Wasser. Von der Flußaue erhob sich eine sanft gewellte Hügellandschaft mit windzerzausten Eichen und Buchen. Knicks durchzogen wie zu Hause die Weideflächen, aber meistens wölbte sich darüber hier wie dort ein grauer Himmel.

Wenige Tage später trieb uns ein kräftiger Nordwind der Biskaya entgegen. Früh am Morgen hatten wir die Needles passiert, jene bizarren Kalkklippen beim südwestlichen Ausgang des Solent, und abends war vom großen Britannien nichts mehr zu sehen.

Conchragout

Auf vielen Ankerplätzen in Westindien findet man immer noch die großen Conchschnecken (Strombus gigas) im flachen Wasser. Die Tiere lieben Sandgrund, der mit Seegras bewachsen ist. Unsere besten Fanggründe waren die Trellis Bay in den Britischen Virgin Islands und die Ensenada Honda bei Culebra.

Man entfernt die Schnecke aus ihrem Gehäuse, indem man mit einem Rosthammer bei der dritten Windung, von der Öffnung an gerechnet, ein Loch in die Schale schlägt. Mit einem scharfen schlanken Messer durchtrennt man hier den Haltemuskel der Schnecke und kann sie danach leicht herausziehen.

Gegessen wird nur der feste, gelbliche Muskel (Fuß), mit dem sich das Tier über den Meeresgrund fortbewegt. Deshalb entfernt man alle anderen Weichteile und kocht das verbleibende zähe Fleisch mindestens zwanzig Minuten im Druckkochtopf.

Man kann es auch weichklopfen (manche meinen, der Geschmack würde dadurch noch feiner), aber einfacher ist die Schnellkochtopfmethode.

Die Stücke dünstet man danach, in Scheiben geschnitten, mit Knoblauch und Zwiebeln in Butter und serviert das Ragout auf Reis.

Südlicher Landfall

Der Wind kam stoßweise aus Nordwest und legte weiter zu. Schräg zu ihm rollte eine mächtige, lange Dünung aus den Weiten des Atlantiks heran, und *Atair II* schnaubte wie ein Rennpferd, wenn eine der Seen unter ihrem Bug durchlief.

Bereits mittags hatte ich hin und wieder durchs Glas geblickt, um vielleicht doch schon eine Bergspitze oder einen Höhenzug Spaniens zu entdecken. Eigentlich tat ich es wider besseres Wissen, denn zu dieser Zeit standen wir noch gut dreißig Seemeilen vor der Küste. Obwohl landeinwärts die Gipfel des Kantabrischen Gebirges über 2000 m Höhe erreichen, war es unwahrscheinlich, daß wir irgend etwas von Galizien erspähten, denn wie häufig verhüllte auch an diesem Sommertag dichter Dunst das Land. Kaltes Auftriebswasser und warme Luftmassen erzeugen hier manchmal sogar dicken Nebel.

Wir hatten Cabo Ortegal als Ansteuerungspunkt gewählt, denn dieses wuchtige, über 600 m hohe Vorgebirge sollte uns ein deutlicher und unverwechselbarer Wegweiser sein. Doch immer noch lag die blaue Kimm ununterbrochen vor dem Steven, und die von der tiefstehenden Sonne beleuchteten Seen liefen weiß schäumend in die Biskaya hinein.

Der Griff zum Fernglas wurde häufiger, als auch nach einer zusätzlichen Stunde der Horizont leer blieb. Aber während der Himmel im Osten und Westen dicht über der See klar und durchsichtig schien, hatte es den Anschein, als ob im Süden leichtes graues Gewölk die Luft erfüllte.

Nach meinem Besteck standen wir noch sechs Meilen vor der Küste, als sich von Steuerbord her die Umrisse eines Fischkutters aus dem Dunst schälten. Möwen hingen in dichtem Schwarm über seinen Masten und dem Kielwasser. Ihr heiseres Geschrei begleitete das Wummern des starken Diesels, und dann gingen beide Geräusche unter in Bärbels Ruf: »Land voraus! Eben an Backbord, schon ganz nah!«

Als ob sich ein Vorhang geöffnet hätte, lagen plötzlich die grauen Konturen der Küste vor uns ausgebreitet. Im Licht der Abendsonne leuchteten einzelne Häuser wie weiße Punkte an den steilen Berghängen. Im Kieker erkannte ich lotrechte Felsabbrüche, schwarze Grate, dunkelgrüne Kiefernwälder und weiter landeinwärts hier und da hellgraue Rauchfahnen schwelender Waldbrände. Wir kamen schnell näher und sahen bald den hellen Brandungsstreifen entlang der Kaps

Im Licht der Abendsonne leuchten die Häuser weiß an den steilen Berghängen: galizischer Fischerort

und vorgelagerten Klippen. Es war an der Zeit, den Besan zu bergen, denn noch näher unter Land würden wir halsen müssen. Dieses Manöver ist auf einem gaffelgetakelten Boot immer aufwendiger als bei modernen Takelagen, und deshalb wollten wir uns die Arbeit so einfach wie möglich machen. Als das Segel aufgetucht war, ging ich daran, die eigentliche Ansteuerung vorzubereiten. Die dunkle, wie eine geballte Faust aussehende Masse von Cabo Prior lag recht voraus, und kurz nachdem die Sonne verschwunden war, huschten die Blitze seines Leuchtfeuers über die See.

Eine halbe Stunde später segelten wir dicht unter der Küste auf dem anderen Bug. Weitere Feuer blinkten und funkelten vor dem schon nächtlichen Hintergrund im Osten, aber hinter uns glühte der Himmel noch rot vom Sonnenuntergang. Während an Land immer mehr Lichter angingen und das südländische Leben erwachte, wurde der Wind immer müder. Langsam, aber stetig schlief er ein. Eben zog der Feuerturm von Cabo Prior vorbei; grell überflutete sein starkes Licht unsere Segel, die gerade noch voll Wind standen. Aber es dauerte nicht lange, bis aus dem Rauschen der Bugwelle ein sanftes Murmeln geworden war.

Zuerst begann sich der Klüver zu schütteln. Seine Schoten klapperten in ihren Fußblöcken an Deck. Dann schwenkte die Großgaffel knarrend in die Mittschiffsrichtung, und das große Tuch flappte träge in dem warmen Hauch, der plötzlich vom Land herüberkam. Inzwischen waren wir schon tief in die Bucht vorgedrungen, an deren Stränden zwei bedeutende Städte liegen. Das Lichtermeer der größeren breitete sich zu unserer Rechten aus. Wir nahmen die übrigen Segel weg, starteten den Motor und hielten auf das grüne Molenfeuer von La Coruña zu. Ganz leise fächelte der Landwind südliche Gerüche zu uns, unverwechselbar und unvergeßlich: Das heiße trockene Land duftete nach Wacholder, Pinien und Eukalyptus; aus dem Wasser drang der Geruch nach Tang und Schlick, und alles vermischte sich dicht vor der Stadt mit Dieselöl und Küchendünsten aus Knoblauch und Olivenöl.

Hinter dem langen Wellenbrecher öffnete sich einer der wichtigsten Häfen Nordwestspaniens. Kaum hatten wir den Molenkopf gerundet, als sich uns wieder einmal das Hauptproblem südlicher Navigation offenbarte: Die schwächlichen Hafenfeuer werden oft überstrahlt von greller Straßenbeleuchtung, den Sonnenbrennern Ladung löschender Schiffe oder von gleißenden Lichtreklamen, denen man sogar erlaubt, rot und grün zu flimmern.

Von früheren Besuchen her kannte ich die Vorzüge des alten Hafenbeckens im Herzen der Stadt. Daher wollten wir auch diesmal in der kleinen Darsena-Marina festmachen. Aber vieles hatte sich verändert. An unserer Backbordseite erstreckte sich ein weites, mit Leuchttonnen gekennzeichnetes Gebiet mit Bauarbeiten. Hell erleuchtete Schwimmbagger schaufelten quietschend den Hafenboden aus, ein großer Tanker lag quer im Fahrwasser, und weiter innen blendeten uns zwei starke Scheinwerfer.

»Da drüben liegen viele Yachten!« Bärbel stand auf dem Vorschiff und deutete nach rechts. In einer dunklen Ecke unmittelbar hinter dem soeben passierten Hafendamm dümpelten mehrere Segelboote und Fischereifahrzeuge auf dem schwarzen Wasser. Auch einige Leichter lagen offenbar dort verankert. »Wenn wir im Innenhafen keinen Liegeplatz finden, versuchen wir es hier«, rief ich ihr zu und drosselte den Motor. Ein Schlepper mit einem tief abgeladenen Prahm kam uns entgegen, leider in unserer Hälfte des Fahrwassers. Nur ganz gemächlich zog er sein triefendes Anhängsel auf die richtige Seite.

Weiter drin war der Hafen hell erleuchtet von den Lichtern der Stadt. Es war jetzt leicht, sich zurechtzufinden. Musik tönte uns von der Uferpromenade entgegen, als wir in die enge Einfahrt bogen, hinter der das älteste Becken des Hafens liegt. Ganz langsam schob sich *Atair II* voran, und ich erkannte endlich, daß hier seit meinem letzten Besuch alles beim alten geblieben war. Immer noch war das Basin total überfüllt mit Fischerbooten, Hulks und kleinen Fähren, immer noch roch es penetrant nach Öl, Fisch und moderndem Holz. Doch nirgendwo schien es einen geeigneten Liegeplatz für uns zu geben.

Plötzlich kam Bewegung in das Päckchen kleiner Fischkutter, das uns am nächsten lag. »Aqui, aqui!« Zwei Gestalten winkten uns heran. Sie hatten mehrere Boote von den übrigen gelöst, so daß eine Lücke entstanden war, die immer noch breiter wurde. Schnell banden wir zusätzliche Fender an die Reling und schoben uns dazwischen. Kaum waren alle Leinen fest, als Bärbel bereits eine Korbflasche in die Hände gedrückt bekam. Fröhliche, vom Wein beschwingte Gesichter hießen uns willkommen.

Als ich radebrechend fragte, wann wir am nächsten Morgen verholen müßten, winkten die Pescadores lachend ab. Nein, nein, morgen würden sie nicht fischen: »Mañana no trabajo!«

Von den Bars jenseits der palmengesäumten Straße erklangen Schlager, Spaziergänger schlenderten Eis essend den Kai entlang, die Straßenrestaurants waren voll besetzt. Eindeutig erwachte die Stadt erst jetzt richtig zum Leben. Wie anders sähe es zu Hause aus, dachten wir. Deutsche Großstädte sind um zehn Uhr abends schon lange verödet.

Auch ich bekam einen guten Schluck Rotwein ab. Als ich die Drei-Liter-Buddel an den Mund setzte und den Kopf zurücklegte, sah ich am Flaschenhals vorbei die mächtigen Kronen der Allee aus Königspalmen vor dem blauschwarzen Sternenhimmel stehen.

Geschafft, dachte ich glücklich. Endlich haben wir den Süden erreicht!

Salat Atair

Wohl jeder hat auf langen Ozeanpassagen hin und wieder das Bedürfnis nach Pikantem. Wer keine Kühlanlage an Bord hat, wird an folgendem Rezept vielleicht Gefallen finden, denn alle Bestandteile stammen aus Konserven.

Zutaten: Eine kleine Dose Gurkensalat, eine kleine Dose Maiskörner, eine kleine Dose Erbsen, eine Dose geräucherte Austern, eine Dose Shrimps, zwei bis drei Eßlöffel Mayonnaise.

Zubereitung: Alles in einer Schüssel vermengen, mit Pfeffer würzen.

Nachtwache im Passat

Noch beim Anziehen kicherte ich vor mich hin. Als mich Bärbel zur Wachablösung geweckt hatte, war ich hochgeschreckt und meinte – noch nicht ganz wach – in einem Aquarium zu schwimmen, denn der Mond schien durch das Bulleye und überflutete meine Koje mit grünlichem Licht. An der Bordwand gurgelte das Wasser, und frische, salzige Nachtluft wehte den Niedergang herab wie in allen Nächten, seit wir den Passat erreicht hatten. Über T-Shirt und Shorts zog ich die dünne Jacke eines Trainingsanzuges und kletterte gähnend an Deck.

»Ausgeschlafen?« Bärbel lächelte wissend.

»Das nicht, aber ausgeträumt. Muß wohl irgendwas mit Fischen zu tun gehabt haben.« Kopfschüttelnd wurde ich ganz wach und ließ mir erzählen, daß in den letzten drei Stunden der Nordostwind langsam, aber stetig mehr auf Ost herumgegangen war. Jetzt wehte die Brise mit gut vier Beaufort über dunkle Seen mit weiß schäumenden Kämmen. Sonst hatte sich nichts Wesentliches ereignet.

»Dann schlaf mal schön«, wünschte ich meiner Frau, die flink die Stufen hinabeilte, um in unsere noch warme Seekoje zu kriechen. Ihr aus Decken und Kissen gemurmeltes: »Gute Wache!« war kaum mehr zu hören.

Dann war ich allein mit unserem Schiff, der Nacht und der unendlichen Weite. Ein Blick auf den Kompaß: Kurs Westnordwest lag an. Rötlich beleuchtet schwankte die Kompaßrose im Takt der Rollbewegungen hin und her, und auf ihrer gläsernen Kuppel tanzte das leuchtende Bild des Mondes. Von achtern strömte sein silbernes Licht übers Deck und warf verschwommene Schatten: den Besanmast mit der Kreuzrahmenantenne als riesenhaften Zeiger ins matte Weiß des Großsegels, den Kompaß wie ein Minarett auf die Dingipersenning und meine eigene Silhouette auf die hellen Decksplanken, als ich nach vorne ging um nachzusehen, ob alles in Ordnung war an den Bäumen, Segeln, Fallen und anderen Dingen, die seit vielen Tagen ständig in Gebrauch, ständig in Bewegung waren.

Am Mast hielt ich mich fest und sah nach oben. Wie mächtige weiße Schwingen blähten sich die beiden Passatsegel in kühnen Kurven vom Steven über die Baumnocken in die Höhe, bis sie sich vierzehn Meter über Deck inmitten der glitzernden Sternenpracht trafen. Hier vorn war die Nacht voller Geräusche. Dicht vor mir rauschte die Bugwelle, und bei jedem tieferen Einsetzen des Rumpfes schäumte sie hell aufleuchtend zur Seite. Hin und wieder klapperte eine Schot an ihrem Baum, Blöcke quietschten, und über mir brauste der kräftige Passat durch das Takelwerk. Die Nacht war sternklar, nur einzelne kleine Cumuli eilten wie wir nach Westen und verdunkelten für Augenblicke den fast vollen Mond. Dann waren die seltsamen Schatten und geisterhaften Lichtreflexe zwischen der Takelage ausgelöscht. Während solcher Momente preschte *Atair* als dunkler Schiffskörper mit düsteren Segeln durch die große Weite der Nacht, um schlagartig wieder überschüttet zu werden mit silbernem Licht, wenn der Erdtrabant sich befreien konnte.

Als der Passat vor wenigen Stunden noch aus Nordost gekommen war, hatten die Segel etwas schräg zur Längsachse des Bootes gestanden. Auf Rahseglern würde man sagen: »Über Backbordbug angebraßt.« Weil aber nun der Wind genau aus Osten kam, war es an der Zeit, »vierkant zu brassen«, so daß wir platt vor dem Laken liefen. Ich nahm den Steuerbordachterholer dichter und fierte den an Backbord, belegte die Tampen erneut auf der Pinne und beobachte, wie *Atair II* auf die neue Segelstellung reagierte. Bald pendelte der Kurs um 270 Grad, und ich war's zufrieden.

Zeit für einen schönen starken Kaffee, dachte ich und stieg nach unten in unsere kleine Welt. Bärbels gleichmäßiges Atmen überzeugte mich, daß sie fest eingeschlafen war. Plötzlich einfallendes Licht würde sie nicht mehr stören, deshalb knipste ich die Transistorleuchte in der Pantry an. Schiebetür auf, Kaffeedose und Blechbecher greifen, Schiebetür zu. Bei der nächsten Rollbewegung nach Backbord griff ich nach dem Milchpulver und der Thermoskanne. Dann dampfte das braune Getränk in der Muck. Vorsichtig balancierte ich es in die Messe und setzte mich an den Tisch.

Eine Petroleumlampe brannte in ihrer kardanischen Halterung am achteren Schott und tauchte die Umgebung in goldenes Licht, das hin und her schwankte, eigenartige Schatten warf und eben ausreichte für nicht allzu klein Gedrucktes. Zur Zeit las ich Tolkiens *Herr der Ringe*. Heute glaube ich, daß ich noch nie so aufmerksam gelesen habe wie in jenen Nächten auf See. Es war manchmal, als ob die Gedanken des Autors greifbar vor mir im Raum stünden. Dann starrte ich Löcher in die Luft und wußte ganz plötzlich, was er meinte, während draußen die See am Rumpf entlangzischte und wir über unausgelotete Tiefen rollten: »Die Straße gleitet fort und fort, / Weg von der Tür, wo sie begann, / Weit über Land, von Ort zu Ort, / Ich folge ihr, so gut ich kann. / Ihr lauf' ich raschen Fußes nach, / Bis sie sich groß und breit verflicht /

Mit Weg und Wagnis tausendfach. / Und wohin dann? Ich weiß es nicht.«

Konnte man so das Risiko unserer Reise beschreiben? Was würde an ihrem Ende auf uns warten? Nachdenklich legte ich das Buch auf den Tisch, verkeilte meine Tasse zwischen den Schlingerleisten und ging nach oben, um wieder einen Blick in die Runde zu werfen, wie wir das alle zehn bis fünfzehn Minuten zu tun pflegten.

Alles war, wie es sein sollte. Lediglich die querlaufende lange Dünung aus Nord war etwas höher geworden; wir rollten vielleicht ein bißchen stärker. Im Schein der Taschenlampe las ich die Zeiger des Patentlogs ab – unaufhörlich surrte sein Räderwerk die Meilen herunter. Ich sah auf die Uhr: eine Stunde seit meinem Wachantritt vergangen und fünfeinhalb Meilen zurückgelegt. Am Kartentisch schaltete ich die flexible Leuchte an und trug in die Logkladde Kompaßkurs und Logstand ein. Danach ein Blick auf den Übersegler. Schon gestern hatten wir mehr als die Hälfte der Strecke hinter uns, 1400 Seemeilen lagen seit Teneriffa in unserem Kielwasser. Am linken Kartenrand zog sich die Perlenschnur der Antillen in weitem Bogen nach Norden und Westen, und wir näherten uns ihr flott. Wenn alles so weiterlief, sollten wir eigentlich... Aber nein, solche Gedanken verbannte man lieber schnell.

Draußen waren plötzlich Pfeifgeräusche zu hören. Delphine! dachte ich erfreut und eilte wieder ins Cockpit. Rings um uns her planschte und spritzte es. Mehr als dreißig dieser lustigen Burschen bereitete es offensichtlich diebisches Vergnügen, unser vergleichsweise lahmes Boot einzuholen, zu umschwimmen, daran vorbeizujagen und dabei die tollsten Kapriolen zu schlagen. Schwarze Leiber flitzten aus den Wogen ins helle Licht des Mondes und tauchten wieder ein, wobei sie das Wasser ringsum zum Funkeln brachten; oder sie zogen wie Torpedos unter uns durch, grünlich schimmernde Leuchtspuren hinter sich lassend.

Es war wie immer ein Augenschmaus. Diese unvergleichliche Eleganz der im Plankton glühenden Körper, die pfeilschnelle Schußfahrt an *Atairs* Rumpf entlang, das Kreuzen unseres Bugs von allen Seiten aus der Tiefe heraus und dann die Umkehr in Dreier- oder Viererfächern: hier war keine Anstrengung zu spüren, kein Streß, kein Zwang; jede Bewegung schien in spielerischer Leichtigkeit abzulaufen, es war, wenn man so will, eine sportliche Veranstaltung nur um der Freude willen.

Aber lange blieben die Tiere nicht bei uns. Nach einer halben

Stunde durchpflügten wir wieder allein die See. Auf ihrer Dünung hoben wir uns sacht, eilten über Höhenzüge, durchquerten Täler, und unsere silberne Spur verlor sich bedeutungslos im Osten.

Jäh zuckte ich zusammen. Etwas Glitzerndes war dicht an mir vorbeigehuscht und landete zappelnd im Leewassergraben. Beim Licht der Taschenlampe fand ich einen ziemlich großen Fliegenden Fisch, der panische Anstrengungen unternahm, wieder das rettende Wasser zu erreichen. Wild pochten seine Kiemen, das Maul schnappte verzweifelt, und mit den langen, zu Tragflügeln umgebildeten Flossen schlug er derartige Trommelwirbel, daß das Deck vibrierte. Schnell schubste ich ihn durch ein Speigatt zurück in die schäumende See. Er hatte Glück gehabt, anders als viele seiner Artgenossen, deren Leichen wir fast jeden Morgen vom Deck aufsammelten.

Doch bis dahin waren es jetzt im November noch gut vier Stunden, und ich gähnte ausgiebig, als ich auf meine Uhr sah. Es wurde Zeit, Bärbel zu wecken; wieder war eine Nachtwache zu Ende gegangen. Eine von vielen und eine der guten. Es gab auch andere.

Als ich mich wenig später wohlig in der Koje ausstreckte, sah ich kurz vor dem Einschlafen wieder das grünliche Mondlicht durchs Bulleye strömen. Ob es mir wohl gelang, den Traum von vorhin wiederzufinden? Vielleicht hatte er mit Fliegenden Fischen zu tun.

Der Amtsschimmel tanzt Calypso

Um die Mittagszeit verholten wir zum Ausklarieren zur Careenage, in den alten engen Hafen von Bridgetown auf Barbados. Kein Windhauch wehte. Die Hitze hing schwer und stickig über der öligen Wasserfläche und dem Staub. Nur wenige Passanten waren unterwegs, aber auf einigen Pollern in der Nähe dösten ein paar Schwarze in der Sonnenglut. In ihre trägen Leiber fuhr unerwartet so etwas wie Spannkraft, als ich mit unseren Pässen, Schiffsdokumenten und anderen Papieren auf die rissige Pier kletterte und mich anschickte, die Hafenstraße zu überqueren.

»Where you going, man? You need a guide?« Ein schlaksiger Halbwüchsiger bot sich mir als Führer an. Aber seine Augen blieben halb von schläfrigen Lidern bedeckt, und der ganze Körper wand sich träumerisch im Rhythmus einer imaginären Melodie. Er nickte fast dankbar, als ich abwinkte.

Drüben auf der anderen Straßenseite stand ein kleines, baufälliges Haus. Es schien sich in einem Schwächeanfall an die Schulter eines großen Lagerhauses zu lehnen. Ich ging auf seine abbröckelnde Fassade zu, denn hier waren die Amtsräume der Zoll- und Einwanderungsbehörde untergebracht.

Die Tür stand halb offen, und aus dem Halbdunkel dahinter erreichten mich Calypsoklänge: »Angelina, Angelina, bring down your concertina...« Schmunzelnd schob ich mich durch den schmalen Gang an einigen mehr oder weniger uniformierten Herren vorbei. Sie schwatzten wild gestikulierend und augenrollend drauflos, weil irgend etwas äußerst Wichtiges – vermutlich ein Baseballspiel – sie in seinen Bann gezogen hatte. Als es mir schon fast gelungen war, einen besonders dickleibigen Beamten zu passieren, der sich überhaupt nicht in seinem Redefluß stören ließ, wurde ich zurückgerufen: »Hey, Mister, warte hier. Das Büro von Percy ist gerade nicht besetzt.« Dabei deutete er auf ein halbzerfallenes Sofa, aus dessen abgewetzten Polstern einige Sprungfedern schauten.

Nun kannte ich das Spielchen schon vom Einklarieren her, das die Zollbeamten von Bridgetown vielleicht auch heute noch gern zu ihrer Belustigung treiben. Außerdem wußte ich ziemlich sicher, daß ihr Chef Percy hinter seinem Schreibtisch saß und nur darauf wartete, daß ich oder ein anderer »Kunde« auf dem Sofa Platz nahm. Von seinem Sessel aus hatte er einen prächtigen Beobachtungsposten. Auf den

Behördengang in Westindien

Gesichtern seiner vier oder fünf Kollegen zeichnete sich frohe Erwartung ab; einer begann bereits zu kichern.

Aber ich tat ihnen den Gefallen nicht. »Oh, tanks«, sagte ich, »aber ich warte doch lieber im Stehen. Es wird ja nicht lange dauern.«

Über die schwarzen Gesichter zog kurz Enttäuschung, aber dann gewann doch ihr Sportsgeist die Oberhand. Grinsend bedeuteten sie mir, weiterzugehen: »All right, go on, man, er ist noch drin.« Und der große Dicke schlug mir sogar freundlich auf die Schulter.

Percy, ein adrett gekleideter Zöllner, grinste still vor sich hin, als ich sein Büro betrat. Ein Comic-Heft fesselte ihn derart, daß er erst offiziell auf mich aufmerksam wurde, als ich mich vernehmlich räusperte.

»Okay, okay!« Er klappte das Heft zu und hob beschwichtigend beide Hände. »Wir stecken zwar bis zum Hals in Arbeit, aber ich will sehen, was ich für dich tun kann. Take a seat.«

Nachdenklich sah er sich dann meine Papiere an, blätterte in einem dicken schwarzen Buch, das er auf den Knien balancierte, und spielte gedankenverloren mit den Pässen. Das Einklarierungsdokument faltete er mehrmals und entfernte Eselsohren.

Dann hieb er plötzlich mit der Hand auf die Tischplatte. »Ha, weißt du was, Mann? Eigentlich bist du gar nicht hier!« Er rieb sich beide Augen und begann wiehernd zu lachen. »Und soll ich dir mal sagen, warum?« Feixend beugte er sich vor, schob mir den schwarzen Wälzer unter die Nase und fuhr mit einem breiten, schwarzbraunen Zeigefinger an einer Zeile mit der laufenden Nummer 212 entlang. »Siehst du?« Beinahe vorwurfsvoll sah er mich an. »Diese Ziffer, das seid ihr. Aber hier steht...« So deutlich wie für einen Analphabeten las er vor: »*Cynthia*, Stagsegelschoner aus Halifax...« Er zuckte vom Buch so schnell zurück, als hätte es ihn verbrannt, und lehnte sich genüßlich in seinen Stuhl. Erwartungsvoll sah er mich über die gefalteten Hände hinweg an. Mir war klar, daß dies alles entweder auf einem Mißverständnis beruhte oder daß die Akte schlampig geführt worden war; aber vor allem wußte ich, daß Chief Percy die Sache sowieso nicht ernst nahm. Sie war eher eine willkommene Abwechslung.

»Immerhin haben wir hier das Einklarierungsdokument. Insoweit ist ja alles in Ordnung«, meinte er schließlich gnädig. »Aber daß ihr nicht hier drin steht, ist schlimm! Oh, my dear!« Geräuschvoll klappte er das schwarze Buch auf und zu und dachte nach. Schließlich aber griff er doch nach einem Kugelschreiber und begann, die Zeile für *Outward bound* auszufüllen. Das wäre geschafft, dachte ich.

Draußen im Flur schlappten Plastiklatschen über den Linoleumfußboden, und unverkennbare Yankeelaute füllten den Raum. Percy hob den braunen Wuschelkopf und grinste. Schon bevor ich mich umdrehte, wußte ich den Grund: Der Neuankömmling sollte warten, denn das Zollbüro war ja nun tatsächlich besetzt. Dann sah ich ihn auch, einen Segler, den ich schon vom Ankerplatz in der Carlisle Bay her kannte. Er hörte desinteressiert dem Redeschwall der Flurwache zu und kratzte sich ungeniert den Po. Seine braungebrannten Arme und Beine mündeten in ein T-Shirt mit Salzwasserflecken und der Aufschrift »Yes, I do, but not with you«. Von Shorts oder Badehose war nichts zu erkennen, aber die hornigen Füße steckten in den typischen Plastiklatschen.

Percy begann zu kichern, weil sich der Amerikaner schlurfend in Richtung Sofa bewegte; auch die Gesichter der feisten Türsteher entgleisten in einem erwartungsvollen Grienen. Im selben Augenblick, als sich ihr Opfer auf das zerschlissene Möbel niederließ, begannen alle schallend zu lachen. Dann mischte sich das Gelächter mit dem Quietschen von Metall und dem Splittern von Holz. Eine Staubwolke markierte die Stelle, wo der Amerikaner mit dem Sofa zusammengebrochen war.

In Percys Augen standen Lachtränen. Sein Gewieher füllte den ganzen Raum, und immer wieder hieb er mit der Hand auf den Tisch. Ob ich wollte oder nicht, auch ich brach in Gelächter aus, obwohl mir die Sache vor drei Wochen wenig komisch vorgekommen war, als *ich* mich aus den Trümmern hochgerappelt hatte.

»Es klappt fast immer«, gluckste Percy und wischte sich die Tränen aus den Augen. Als er sich wieder gefangen hatte, suchte er etwas mit kreisender Handbewegung auf seinem papierübersäten Schreibtisch, drehte ein zweistöckiges Gestell mehrere Male um seine Achse und untersuchte jeden Stempel darauf. Vergeblich. Nun riß er die oberste Tischschublade auf und wühlte darin herum. Ohne Erfolg. Den Inhalt der zweiten Lade häufte er ungeduldig auf seine Akten. Dinge, die im allgemeinen nicht zur Büroausstattung einer Behörde gehören, glitten vom Tisch: Playboymagazine, eine Dose Ölsardinen, Gummibänder und ein Gürtel. Am meisten begeisterte mich jedoch eine Mausefalle.

Dann stopfte er alles wieder in den Kasten zurück und sah mich ärgerlich an. »Always trouble with you guys! Wo ist bloß der verfluchte Stempel?« Seine Augen schweiften zum leeren Schreibtisch eines Kollegen. Auch dort stand ein Stempelrondell. Ächzend stemmte er sich hoch und schlenderte in der so typischen Art hinüber: mit tänzelndem Schritt, abgespreizten Händen und halbgeöffnetem

Mund. Er lümmelte sich auf die fast leere Tischplatte und ließ die Stempel kreisen.

»Ha, ich hab' ihn!« rief er triumphierend und zeigte mir ein großes ovales Ding mit rotem Griff. Anerkennend lächelte ich ihm zu.

Als nächstes war das Stempelkissen unauffindbar. Nun half ich mit bei der Suche. Unter einer Blechdose, in der vermutlich Mrs. Percy ihrem Mann die Frühstücksbrote brachte, entdeckten wir es endlich und freuten uns ehrlich über den Erfolg.

Ganz ohne Getue wiegte Percy schließlich das eindrucksvolle Dienstsiegel auf dem blauschwarzen Kissen und drückte es mit leichter, eleganter Handbewegung auf mein Ausklarierungsdokument. Strahlend sah er mich an, stutzte aber, als er meinem erstaunten Blick begegnete. Dann merkte auch er, daß der Stempel keinen Abdruck hinterlassen hatte, und ich erkannte erste Anzeichen von Unsicherheit an ihm. Wütend knallte er ihn so laut auf das Tintenkissen, daß zwei seiner Kollegen besorgt hereinkamen. Er warf ihnen den unnützen Tuschespender vor die Füße und donnerte mit aller Kraft den Stempel aufs Papier.

Eine hauchzarte Abbildung war entstanden. Resignierend warf Percy den nutzlosen Stempel in eine Ecke. Dort blieb er unter einem Ventilator liegen, der seine abgeschlagenen Blätter in der stickigen Luft kreisen ließ.

Was würde nun als nächstes kommen? Ich stellte mich schon darauf ein, noch einmal erscheinen zu müssen, denn eines vertragen die wenigsten Schwarzen: lächerlich gemacht zu werden oder sich selbst der Lächerlichkeit preiszugeben. Ihr empfindlicher, erst zart entwickelter Stolz erlaubt selten Selbstironie.

Deshalb traute ich meinen Augen kaum, als Percy plötzlich ausgeglichen vor sich hin summte, aufstand und den Stempel zurückholte. Gemütlich stützte er sich auf seine Schreibunterlage, drehte den Stempel so, daß er die Unterseite sehen konnte, und begann sie mit einem Kugelschreiber abzumalen. Schriftzug um Schriftzug, Symbole und Zahlen, alle brachte er zu Papier – hinein in die schwachen Umrisse des Stempelabdrucks. Zu guter Letzt zog er auch noch die äußeren Konturen nach.

Während der Ventilator im Hintergrund summte und hin und wieder Gelächter aus dem Flur ertönte, wurde das Amtssiegel von Hand fertiggestellt, und stolz setzte Percy seine Unterschrift darunter. Selbstgefällig lächelnd reichte er mir die Ausklarierung. »Seht bitte zu, daß ihr innerhalb der nächsten zwei Stunden den Hafen verlaßt.«

Und mit cooler Kulanz schloß er: »Wir wünschen euch eine gute Reise.«

Wie selbstverständlich sagte er »wir« – sehr majestätisch und ganz ohne verletzten Stolz.

Westindischer Pfeffertopf (für sechs Personen)

Dieses deftige Gericht ist die Nationalspeise vieler karibischer Inseln. In manchen Haushalten werden dazu Reste mit neuen Zutaten ergänzt und durch abermaliges Aufkochen immer schmackhafter – genau wie unsere deutschen Eintöpfe.

Zutaten und Vorbereitung: Ein Suppenhuhn (2,5 kg) in sechs Portionen tranchieren. 250 g Schweinsfüße, zwei Liter Wasser, zwei Teelöffel Salz, 1,5 kg Rindfleisch ohne Knochen in Würfel schneiden, ein Achtelliter Kassavasirup, der folgendermaßen zubereitet wird: Ein Kilogramm junge Kassavawurzeln schälen (alte Wurzeln haben dunkle Flecken oder Schimmelbefall), auf Handreibe in ein Mulltuch raspeln, mit Wasser begießen. Mulltuch zusammenpressen und Saft auswringen. Flüssigkeit in Pfanne eine Minute lang unter Rühren erhitzen, bis der Sirup glatt und so eingedickt ist, daß er am Kochlöffel kleben bleibt. – Eine große Zwiebel in Scheiben, zwei Eßlöffel brauner Zukker, zwei ganze frische Chillies, vier Nelken, ein Viertel Teelöffel getrockneter Thymian, ein Eßlöffel Essig, eine Zimtstange.

Zubereitung: Huhn und Schweinsfuß in hohem Topf mit gesalzenem Wasser (soll drei Zentimeter über dem Fleisch stehen) aufkochen, Schaum abschöpfen. Temperatur verringern und eine Stunde köcheln lassen. Fett abschöpfen. Rindfleischwürfel, Kassavasirup, Zwiebel, Zucker, Chillies, Zimt, Nelken, Thymian dazugeben und eine weitere Stunde kochen, bis Rindfleisch gar ist. Chillies, Zimt und Nelken herausnehmen. Essig einrühren und abschmecken. Dazu ißt man Yamswurzeln oder Süßkartoffeln.

Revolution auf Anguilla

Während unseres Aufenthalts in karibischen Gewässern hatten wir viele typisch westindische Erlebnisse. Was, bitte schön, ist typisch westindisch? werden Sie fragen. Gibt's denn so was überhaupt? Ist das nicht ein ebenso billiges Klischee wie »typisch amerikanisch« oder »typisch deutsch«? Nun, wir werden sehen.

Hier ist eine Geschichte, die sich so auf vielen Antilleninseln hätte abspielen können, aber zufällig auf Anguilla geschah.

Diese nördlichste der Inseln unter dem Winde liegt fern von den bekannten Perlen der Karibik wie Martinique, Antigua oder Guadeloupe und ist auch heute noch ziemlich unbekannt. Ihre Bewohner führen ein zufriedenes, bescheidenes Dasein und gehören sicherlich zu den freundlichsten Menschen der Erde. Dennoch läßt sich nicht verschweigen, daß man 1982 in Roadtown, der winzigen Hauptstadt, gar nicht gut auf die Behördenvertreter des gemeinsamen Staatenverbundes mit St. Kitts zu sprechen war. Die Gründe dafür lagen lange zurück.

Eines Tages kam es zu einem neuen Höhepunkt. In Kreisen der jungen, selbtbewußten Regierung von St. Kitts war der Eindruck entstanden, auf der Schwesterinsel Anguilla herrsche ein Mangel an Autorität. Daher wurde ein Bevollmächtigter nach Roadtown entsandt, der dort so lange repräsentieren sollte, bis »Zucht und Ordnung« wieder hergestellt wären. Er hieß Mr. Whitlock, und sein Besuch wurde ein kapitaler Mißerfolg.

Weil ihn niemand ernst nahm, griff er zu immer drastischeren Maßnahmen, um seinen vermeintlichen Anspruch durchzusetzen. Und eines Nachts kam es zum Eklat.

Bei *Nasty Herbert*, einer uralten Kneipe, ging's hoch her. Einige schwer betrunkene Fischer gerieten in Streit, demolierten einander erst die Gesichter, dann dem Wirt die sowieso schon ramponierte Einrichtung und setzten ihre Auseinandersetzung schließlich draußen am Strand fort. Vom infernalischen Lärm – splitterndes Glas, zerbrechendes Mobiliar, wütendes Geschrei der Kämpfer und Anfeuerungsrufe der Zuschauer – geweckt, marschierte Mr. Whitlock würdevoll zum Ort des Geschehens. Wutentbrannt versuchte er, sich Gehör zu verschaffen, und fuchtelte zuletzt mit einem Stock zwischen den keuchenden Streithähnen herum.

Plötzlich hatte er die Aufmerksamkeit aller. Weiß leuchteten Zähne und Augen im Schein der Sturmlaternen, und langsam, aber begeistert, verkannte man ihn als den eigentlichen Grund der Prügelei. Als er dann gar von »Verhaftung« sprach, von »öffentlichem Ärgernis« und ähnlichem, packte man ihn kurzerhand und stieß ihn johlend hinunter zum Wasser, wo die Boote der Fischer lagen. Auch eine eingedeckte, halbwegs seetüchtige Barkasse dümpelte im Mondlicht an ihrer Muring. Dorthin brachte man Mr. Whitlock, der vergebens protestierte.

Um die Mittagszeit des nächsten Tages und siebzig Meilen weiter südlich setzten zwei grinsende Fischer den inzwischen recht kleinlauten Beamten an einem einsamen Küstenabschnitt der Insel St. Kitts ab. Mr. Whitlock war wieder zu Hause – allerdings ohne der Respektlosigkeit auf der Rebelleninsel abgeholfen zu haben. Wenige Stunden später berichtete er seinen Vorgesetzten von der »Revolution«. Die Herren waren entsetzt. Aber was konnten sie tun? Eigene Streitkräfte standen kaum zur Verfügung, geschweige denn geeignete Schiffe. Ratlose Gesichter – bis jemand die Idee hatte, die alte Schutzmacht Großbritannien um Hilfe zu ersuchen.

Gesagt, getan. Wie wir spätestens seit der Falklandkrise wissen, sind die Briten zu solcher Hilfeleistung gern bereit, denn sie unterstreicht den alten Satz: »Britannia Rules The Waves.« Tatsächlich startete an einem Frühlingsmorgen die Royal Navy die »Operation Calypso«, die Invasion der Insel Anguilla.

In der kurzen tropischen Dämmerung erschienen Kriegsschiffe vor dem Strand der Rendezvous Bay und schickten sich an, ein etwa 500 Mann starkes Expeditionscorps an Land zu setzen. Wie seit ewigen Zeiten stieg die Sonne schnell höher; es wurde wieder ein heißer Tag. Die Brandung dröhnte, Palmen bogen raschelnd ihre Wedel, und Seevögel kreischten im Wind. Boote knirschten auf den Sand und schwerbewaffnete Landungstruppen wurden ausgeschifft. In Tarnanzug, mit Stahlhelm und Kampfgepäck, schwitzten die Marineinfanteristen der Royal Navy bald gewaltig, als sie ihr schweres Gerät an Land brachten und sich dann durch Sea-Grape-Büsche vorarbeiteten.

Der erste Einwohner Anguillas, der die fremden Truppen zu Gesicht bekam, war ein Fischer. Er hatte im Schatten einer hohen Palme seine Netze ausgebessert, als er die Störenfriede bemerkte. Sowie er bedächtig seine Arbeit niedergelegt und sich langsam eine Pfeife angezündet hatte, beugte er sich über das Schanzkleid seines Bootes, um besser beobachten zu können.

Da näherten sich ihm auch schon zwei Soldaten, die automatischen

Gewehre im Anschlag. Ihre angespannten Gesichter waren mit Tarnfarbe beschmiert.

»Wo sind die Unruhen, wo wird gekämpft?« fragte einer, und seine Augen suchten argwöhnisch das Buschwerk im Hintergrund ab.

Der verwirrte Fischer bemühte sich, hilfsbereit zu sein. »Mann, ich weiß von keinen Kämpfen. Aber unsere Jungs haben heute nachmittag ein Cricketspiel im Ort...«

Weiter marschierten die Truppen auf der Suche nach den Revoluzzern.

Im Dorf saßen die Einwohner friedlich vor ihren Türen, schwatzten munter und winkten freudestrahlend, als sie die fremden Soldaten in ihrer unbequemen Bekleidung vorbeikeuchen sahen. Zwei Weiße, der eine mit dichtem Vollbart und nur mit Badehose bekleidet, der andere in T-Shirt und ausgefransten Shorts, sahen sich erstaunt an, als die Abteilung haltmachte und damit begann, ein Biwak zu errichten. Beide waren Segler, ihre Boote lagen draußen in der Bucht vor Anker.

Zwei Wochen später, als die Besatzungsmacht längst wieder abgezogen war, unterhielten sie sich beim Rumpunsch mit dem Barkeeper des *Nasty Herbert*.

Trunk Bay auf St. John, Virgin Islands

»Und wie ging nun die ganze Sache aus?« fragte der Bärtige.

Der zahnlose Mulatte grinste schlau. »Wie du siehst, Mann, sind sie wieder weg. Haben keine Revolution gefunden. Da wurde es ihnen zu langweilig hier.«

»Aber sag' mal, wieso erlaubt ihr den Tommies überhaupt, so ohne weiteres zu landen? Ihr seid doch unabhängig. Gehört ihr nun zu St. Kitts oder nicht?«

Vielsagend und bedachtsam wiegte der alte Mann den kurzgeschorenen grauen Kopf, während er weiter Gläser polierte. »Ja, eigentlich schon, Mann. Aber jetzt sind wir wieder britisch.« Glucksend begann er zu lachen. »Wenigstens glauben sie das.«

Roher Fisch

Eine sehr erfrischende Speise und typisch für die französischen Inseln der Südsee. Sie ist schnell und einfach zuzubereiten, und alle Zutaten sind leicht erhältlich.

Man nehme: Filets von Jackfisch, Papageienfisch oder Snapper (makrelenartige Fische und Barsche eignen sich nicht so gut), schneide sie in dünne Streifen und mariniere sie in reichlich Limonensaft, der ein besseres Aroma hat als Zitronensaft. Man läßt den Fisch zwei Stunden darin ziehen – die Citrussäure gart das Fleisch. Mittlerweile werden Zwiebeln in sehr feine Scheiben geschnitten und mit dünnen Gurkenstreifen vermengt. Wer will, kann Knoblauch und Karottenschnipsel hinzufügen. Dann gießt man den Limonensaft ab, gibt den Fisch zum Gemüse und würzt mit Salz und Pfeffer.

Der verhinderte Weltumsegler

Er kaufte sein Boot aus zweiter Hand. Mit dem früheren Eigner war es schon einmal um die Erde gesegelt. Sogar einige alte Karten und Bücher von der Südsee waren noch an Bord. Insoweit sprach nichts gegen eine zweite, ebensolche Reise, und oftmals redete er auch davon. Dann glänzten seine strahlend blauen Augen, sein Gesicht bekam ganz weiche Züge, und in Gedanken war er weit entrückt, jenseits des Horizonts, auf den Trauminseln der Südsee.

So ging das schon seit Jahren. Kneipenwirte, Fischer, Segelfreunde und so manche Schöne von Larnaca bis Rijeka, von Hamburg bis Ibiza nickten und sagten: »Ja, ja, er hatte immer schon verrückte Ideen.«

Jetzt zählte Claus fünfundvierzig Jahre und sah aus wie ein gut erhaltener Sechziger. Über mittelgroß, schlank, aber zu Fettansatz neigend, wirkte er ziemlich ungelenk. Ein grau gesprenkelter, ungepflegter Vollbart umrahmte das faltige Gesicht; darüber ein ewig ungekämmter braun-blonder Wuschelkopf. Da er sich fast ausschließlich in den warmen Regionen unseres Planeten aufhielt, war seine Bekleidung einfacher Natur, meist nur Badehose, an Land schon mal ein T-Shirt und ausgefranste Shorts. Doch an Land sah man ihn nicht häufig. Seine eigentliche Heimat war das Boot, die schon erwähnte schwarz-weiße, stählerne Ketsch.

Dorthin zog er sich immer dann zurück, wenn's etwas nachzudenken gab; wenn er Abstand suchte zu Menschen, Alkohol und Zigaretten, oder um weiterzuspinnen in seiner Phantasie; denn alles, was er tat, entsprang einem plötzlichen Einfall, Pläne machte er selten.

Auf Barbados lernten wir ihn kennen. Es war kurz vor Weihnachten, und auf allen Booten wurden Geschenke gebastelt, oder man suchte an Land etwas Passendes für den Partner. Irgendwie hatte Claus erfahren, daß wir eine Nähmaschine zu verkaufen hatten, und dachte, die sei wohl das Richtige für seine Inge. Außerdem brauchte er sowieso neue Cockpitkissen. Wir wurden handelseinig und feierten es abends zusammen am Strand. Er spielte meisterhaft Gitarre und avancierte schnell zum gesellschaftlichen Mittelpunkt. Das schien er zu genießen.

Bis plötzlich, kurz nach Neujahr, die schwarz-weiß-rostige Ketsch eines Morgens verschwunden war. Manche wußten Bescheid: Claus wäre unterwegs nach Martinique, hier auf Barbados wimmelten ihm zu viele Deutsche herum, er suche Abstand.

In Gedanken war er auf den Trauminseln der Südsee . . .

Erst in den Virgin Islands trafen wir ihn wieder. Großes Hallo! »Ja, hier möcht' ich bleiben«, schwärmte er. »Auf Water Island gibt's eine traumhafte Bucht. Dort einen Bootsverleih aufmachen, das wäre *die* Sache! Nur im Sand liegen, eine Dose Budweiser in der Hand und die eiserne Registrierkasse neben sich... Klar, nur kleine Boote, fünf, sechs Hobie Cats oder ein paar Laser. Kein Unterhalt, keine Pflege, keine Arbeit. Aber pro Stunde zwanzig Dollar kassieren. Na, wäre das nichts?«

Schon anderntags war das der Fall: nichts mehr. »Ach nein, ich möchte lieber unabhängig bleiben, nicht immer Kunden um mich haben. Am liebsten würde ich auf meinem Boot nur mit den Strömungen über die Ozeane treiben. Kein Segelmanöver, keine Arbeit, nur in die Sonne blinzeln, ausruhen, nachdenken... Ja, ja, ich weiß schon, das geht nicht, wegen Wasser, Lebensmitteln und so. Aber allein die Idee... Wollt ihr ein Bier?«

Es wurden viele. So viele, daß ich erst spät am nächsten Morgen aufwachte. Unbewegt lag die kleine Bucht im Sonnenlicht, ihr türkisfarbenes Wasser glitzerte kristallen. Ich sah jede Einzelheit des sandigen Grundes. Am Strand lagen die ersten Badegäste, über ihnen rauschten leise die Palmen im Passatwind. Von drüben, von der anderen Seite der Bucht, klangen Hammerschläge herüber, dann das schrille Kreischen einer Schleifmaschine. Ich traute meinen Augen nicht: Claus arbeitete! Schnell stülpte ich die Schnorchelmaske über und sprang ins Wasser. Wie gut das tat, dieses frische Seewasser nach der ausgedehnten Zecherei. Ein Adlerrochen suchte flügelschlagend das Weite, aufgeregt schob sich ein Schwarm Lippfische hin und her. Doch das Geschehen an Land interessierte mich mehr. Ich watete aufs Trockene.

»Wunderschönen guten Morgen, lieber Claus. Bist du krank?«

Überrascht legte er den Winkelschleifer aus den rostgesprenkelten Händen. Sehr profihaft trug er einen fleckigen Blaumann und eine Schweißbrille, die er nun hoch auf seine Stirn schob.

»Wieso? Jetzt ist doch Hurrikanzeit.« Er grinste hintergründig.

»Und deshalb schleifst du an diesem Stück Alteisen herum?« Denn ein riesiger Pflugscharanker lag vor ihm im Sand, total verrostet und dick mit alter schwarzer Farbe bekleistert. Einige Stellen aber, wo der Winkelschleifer sich schon durchgefressen hatte, blitzten hell.

»Dies ist mein Sturmanker«, erklärte er nachsichtig. »Und bei viel Wind muß er sich eingraben wie in Butter. Deshalb schleife ich ihn rasiermesserscharf. Scheißarbeit, kann ich dir sagen!«

Verblüffter als ich konnte keiner sein. Und doch sollte ich mich irren. Auch auf andere verfehlte Claus seine Wirkung nicht.

Es war eines Abends im August, der Beginn einer der typischen karibischen Sommernächte. Die Luft war warm, leichter Wind fächelte etwas Kühlung, und dennoch schwitzte man bei jeder heftigeren Bewegung als Bierdosenöffnen oder Zigarettenanzünden. Der Sonnenuntergang war wie immer kitschig-schön: Einzelne dicke Cumuluswolken standen unbewegt am westlichen Horizont, die Bäuche rot-violett, die Ränder rosa. Dazwischen blaßblauer bis hellgrüner Himmel und überall leichte Pastelltöne. Groß und rot versank die Sonne dicht neben Saba Rock im blauschwarzen Meer. Am Strand zirpten die Zikaden, und die Sandflöhe begannen zu beißen. Heute fanden sie besonders reiche Nahrung, denn die Besatzungen vieler Yachten hatten sich zu einer Geburtstagsparty versammelt, und kaum einer trug mehr als T-Shirt und Shorts.

Claus stand freudestrahlend bis zu den Knien im Wasser, in einer Hand einen Rumpunsch, in der anderen die vielleicht fünfzigste Zigarette des Tages. Er begrüßte die Gäste und sparte nicht mit heiteren Bemerkungen, wenn die Dingis auf den Strand gezogen wurden und der eine oder andere naß wurde.

Wie schon gesagt, war die Kleidung der Anwesenden ziemlich einfallslos – bis Sigrid kam! Sie war über fünfzig, wollte das aber offensichtlich nicht wahrhaben. Denn trotz ihrer Körperfülle, die sie für besonders reizvoll hielt, trug sie eine goldene Halskette, viele Ringe an den dicklichen Fingern, eine hochgesteckte Frisur und – schwarze Seidenunterwäsche als Festbekleidung. Alle hielten den Atem an, und mancher unterdrückte ein Kichern. Trotzdem blieben wir zurückhaltend – bis auf Claus. »Meine Güte, Sigrid, hast du dich heute abend aber feingemacht!« rief er aus, und sein Spott war unüberhörbar.

Verlegen näherte sich die halbweltlich Bekleidete. »Ach, ein Bikini war mir zu wenig«, gestand sie. »So ist's schon besser, auch gegen die Mücken.«

Das war Claus' Stichwort: «So? Und ich dachte, das sei gegen die Männer!«

Leider verloren wir ihn auf Culebra aus den Augen. Nachdem er zunächst Seekarten für den Pazifik bestellt hatte, begann er schon tags darauf, Grundstücke zu besichtigen. Er wollte nun doch lieber bleiben und Ferienapartments bauen – oder ein Strandcafé eröffnen. Aber wer weiß? Die Welt ist klein, und vielleicht treffen wir ihn eines Tages wieder.

Im Charterarchipel

Die Nummernschilder der Autos verkünden es vieltausendfach, und Reiseprospekte beschwören es in bunten Farben: »American Paradise.« Daß manche T-Shirts den Aufdruck: »Another Lousy Day in Paradise« tragen, ist eine andere Sache. Gemeint sind in jedem Fall die vielen Inseln und Inselchen der Virgin Islands. Kolumbus nannte sie so nach den elftausend Jungfrauen der Heiligen Ursula, die ziemlich bald keine mehr waren. Wer sich für diese bemerkenswerte Geschichte interessiert, wird bald feststellen, daß sie hier ihre Parallelen hat.

Man sehe sich nur in der Hauptsaison in Charlotte Amalie um, wenn die Touristenkreuzer ihre Passagiere ausspucken, wenn die US Navy einen Flugzeugträger zu Besuch nach St. Thomas schickt, oder man beobachte das Treiben in und um die Sheraton Marina, wo Charteryachten zu Hunderten ihre Crews und Gäste wechseln. Wer dann immer noch nicht die richtige Bordfrau, die richtige Köchin oder auch nur die Richtige für die Koje hat, der wird schnell fündig auf den breiten Treppen der Hotelpassage, wo so manche Weltenbummlerin einen neuen Anfang sucht. Ihre Aussichten auf Erfolg sind ausgezeichnet, besonders zu Beginn der Chartersaison im November, wenn sich eine große Flotte von Yachten einfindet, um zahlungskräftige Amerikaner und Europäer gegen harte Dollars durch die Inselwelt der Antillen zu schippern.

Clevere Agenturen lassen sich viele Tricks einfallen, um dem sonnenhungrigen Urlauber in allen Wünschen gerecht zu werden. Das Angebot reicht vom Luxusaufenthalt auf großen Schonern mit herrlichen Linien und perfektem Service bis zu den sogenannten Bare-Boats, den ohne Skipper und Crew zu charternden Booten. Das sind kleine bis mittelgroße Typen, die sich gleichen wie eine Milchflasche der anderen. Auf diesen Hostalenschüsseln ist von der Besegelung bis zum Bettzeug alles genormt. Sie besitzen im allgemeinen ein Klappverdeck gegen die unbarmherzige Sonne, einen starken Motor, so daß es selten nötig ist, mühsam das Großsegel zu setzen, und natürlich einen Kühlschrank, der die unentbehrlichen Eiswürfel liefert. Am Heckkorb ist ein Nirostagrill befestigt, denn nach einem harten Acht-Meilen-Törn vor dem Wind schätzt der zünftige Segler abends ein deftiges Steak.

Als Befähigungsnachweis genügt meist der Autoführerschein, die

Marigot Bay auf St. Lucia, Kleine Antillen

selbstbewußte Behauptung, schon mal gesegelt zu haben, und viel Gottvertrauen. Da solche Ferienträume zu einem festen Preis pro Woche verchartert werden, unabhängig von der Zahl der Urlauber, räkeln sich oft acht und mehr Leute auf dem Deck eines Sechs-Kojen-Bootes und wahrscheinlich auch in denselben.

Eines Tages, kurz vor Ostern, ankerten wir im Virgin Gorda Sound. Diese geräumige Bucht schneidet tief in die Flanken der gleichnamigen Insel ein, die am weitesten im Osten des Archipels liegt. Ihr Name bedeutet »Dicke Jungfrau«, und mit etwas Phantasie und einer großmaßstäblichen Karte kann man sich vorstellen, wo wir unseren Ankerplatz wählten: genau unter dem prallen Bauch, knapp oberhalb der über die Jungfräulichkeit entscheidenden Stelle.

Es war ein ruhiges, friedliches Fleckchen Wasser, blauschwarz und tief. In Nordwest erstreckte sich weit ausholend ein Riff, links und rechts von niedrigen Inseln flankiert. Im Süden erhoben sich steile, dicht mit Buschwerk und Agaven bewachsene Hänge. Einzelne rote Dächer von Ferienhäuschen leuchteten aus dem hellen Grün. Wir lagen ganz allein in der Bucht und genossen die träge Stimmung des späten Nachmittags.

Plötzlich unterbrach lautes Motorengeräusch die Stille. Um die

Ecke preschte eine der übermotorisierten Charteryachten mit hoch aufschäumender Bugwelle. An Deck standen mindestens zehn nur unterhalb der Gürtellinie bekleidete Leute – ein durchaus sehenswerter Anblick, denn mehr als die Hälfte davon waren hübsche Mädchen. Dennoch fanden wir, daß sie beunruhigend nahe bei uns vor Anker gingen, obwohl die Bucht für zwanzig Boote ausreichend Raum geboten hätte.

Mit viel Getue und Geschrei fiel ein winzig kleiner Anker. Etwa vierzig Meter Leine folgten, während das Boot noch beträchtliche Fahrt voraus machte. Dann kreischte das Getriebe, der Auspuff begann stark zu qualmen, und wenige Sekunden später lag die Yacht bewegungslos etwa zehn Meter neben uns auf gut zwanzig Meter Wassertiefe.

Gekicher und schrille Entzückensrufe wie: »Oh, my God, how nice! Isn't that a real beauty?« kommentierten die Landschaft. Man einigte sich überraschend schnell darauf, den Besan zu setzen, der beim Segeln sonst immer bezogen bleibt und nur ein Ärgernis darstellt. Aber im Hafen, vor Anker, wird er zwecks ruhigerer Lage und als Zeichen seemännischer Erfahrung gern gezeigt.

Schon während des Segelsetzens schaltete jemand die Stereoanlage an, und so kamen wir in den Genuß von ohrenbetäubender Rockmusik. Einige Pelikane, die vorher in den Bäumen am Ufer vor sich hingedöst hatten, nahmen widerwillig Reißaus. Trotz der Lautstärke konnte aber außer uns und den Vögeln kaum ein anderer etwas von der Musik gehört haben, denn eigenartigerweise trug jeder der Chartergäste einen Walkman an der Badehose. Die Leute waren krebsrot, ein Zeichen dafür, daß sie noch nicht viel länger als drei Tage unterwegs sein konnten.

Dann kümmerten sich alle um das unvermeidliche Barbecue. Die Flammen des entzündeten Spiritus' schossen zwei Meter hoch in die Luft und kamen dem dichtgeknallten Besan gefährlich nahe. Doch nach einigen Schreckensrufen beruhigten sich alle, denn jemand hatte den glänzenden Einfall, den ersten Gang des üblichen amerikanischen Menüs zu servieren: einen Sechserpack Bier. Während die meisten auf den nächsten Gang, das brutzelnde Steak, warteten, sprang ein Pärchen ins Wasser und wurde sofort von Entsetzen gepackt, weil die übrigen mit Bierdosen in der Hand an Deck auf und ab rannten und hysterisch schrien: »Vorsicht, Haie, paßt auf!« Sie brüllten noch, als die beiden Schwimmer längst wieder triefend an der Reling standen. Dann wurde der letzte Elvis-Song abgelöst von lauten »Yippie!«-,

»Wow!«- und »Great!«-Rufen, als die ketchuptriefenden Fleischstücke herumgereicht wurden.

Für wenige Augenblicke trat Stille ein, die höchstens von Geschirrgeklapper unterbrochen wurde. Doch der Elan, die Dynamik, die Unternehmungslust kannten auch während der Verdauung keine Grenzen. Vier Leute sprangen ins Gummidingi, rissen gekonnt am Starter des Außenborders und röhrten mit Vollgas einmal ums Boot und dann die zehn Meter weiter bis zu uns. Freudestrahlende Feriengesichter lachten uns an. »How are you, where are you guys from?«

Zaghaft deutete ich auf unsere Flagge am Heck.

»Great! You sailed all the way from Belgium?«

Total verwirrt konnte ich nur den Kopf schütteln. Nein, aus Belgien waren wir nicht. Was aber nicht im geringsten störte. Sie fanden die Bucht »lovely«, »beautiful«, »far out« – und dann diese Einsamkeit! In ihrer Begeisterung merkten sie nicht, daß ich gebannt zu ihrem Boot hinüberstarrte, das leise von der Strömung hinausgetragen wurde.

»Ist euch eigentlich klar, daß ihr hier auf zwanzig Meter Wassertiefe geankert habt?« fragte ich vorsichtig den blondgelockten Wortführer in palmenbedruckten gelben Bermudashorts.

»Oh, that's no problem«, entgegnete er selbstsicher. »Wir haben nur fünf Fuß Tiefgang.«

Salat aus selbstgefangenen Langusten

Jutta und Erich von der Jeux à deux *bewirteten uns mit dieser Köstlichkeit im Atoll Mopelia.*

Zutaten: Zwei Langusten oder Bärenkrebse, eine Zwiebel, drei hartgekochte Eier, ein halbes Glas Mayonnaise, zwei Eßlöffel Ketchup, Salz und Pfeffer, Worcestersauce.

Zubereitung: Die Langusten garkochen, abkühlen lassen und das Fleisch aus Schwänzen und Beinen zerpflücken. Die kleingehackten Eier und Zwiebelstückchen dazu geben. Aus Mayonnaise und Ketchup eine Sauce bereiten und unterziehen. Würzen.

Von der Karibik zum Pazifik

Eigentlich wollten wir die Dominikanische Republik nur besuchen, weil es in ihrer Hauptstadt Santo Domingo eine deutsche Botschaft gab, wo ich meinen Reisepaß verlängern lassen wollte. Wäre uns aber bekannt gewesen, was uns in diesem Land erwartete, hätten wir sicher darauf verzichtet.

Inzwischen waren wir vorübergehend zu dritt an Bord. Für die Fahrt nach Panama hatte in Puerto Rico Christian angemustert, ein sympathischer Wiener, der bis vor kurzem noch als Taucher auf einem Boot gefahren war, das auf der Silberbank nach Schätzen gesucht hatte.

Als wir die Mündung des Rio Dulce an der Küste von Hispaniola erreichten, barg er zusammen mit Bärbel den Klüver und brachte dann zwei dicke Festmacher nach achtern. »Bring auch noch die lange grüne Leine aus der Vorpiek«, sagte ich zu ihm. »Wahrscheinlich müssen wir uns mit ihr an Land verholen, wenn wir vorn an der Tonne fest sind. Die Strömung scheint stark zu sein.«

Tatsächlich führte der Fluß jetzt nach der Regenzeit viel Wasser aus den Bergen, und wo er bei La Romana das Karibische Meer erreicht, vermischten sich seine lehmigen Fluten mit dem klaren Blau des Ozeans. Abgerissene Zweige trieben an uns vorbei, Grasbüschel, Bretter, Plastiktüten, und wieder einmal war ich froh über *Atairs* luftgekühlten Diesel, bei dem sich keine Wasserleitungen zustopfen können. Beiderseits der engen Flußmündung erstreckten sich hellbraune Kalkklippen. Tiefe Höhlen hatte die Brandung dort ins Gestein genagt, und aus verborgenen Spalten spritzten kleine Fontänen im Rhythmus des Seegangs.

Hinter einer leichten Biegung des Flusses kamen die ersten Gebäude der Stadt in Sicht, meist einfache Behausungen, weiß getüncht, mit Wellblech gedeckt.

»Ob der wohl immer so qualmt?« meinte Bärbel und deutete auf den hohen Schornstein einer Zuckerfabrik an der Westseite des Flusses. Seinen Rauch hatten wir schon weit draußen auf See gesehen und ihn als Landmarke inmitten des sonst flachen Landes benutzt.

»Solange der Passat ihn seewärts treibt, stört er uns ja nicht«, antwortete Christian. »Aber vielleicht bekommen wir Ärger, wenn wir nicht doch an der Pier festmachen. Dort winken nämlich welche wie verrückt.«

Tatsächlich standen an der westlichen Uferböschung einige heftig gestikulierende Gestalten. Trotz des Motorenlärms konnte ich sogar Pfiffe und Rufe unterscheiden. »Du hast recht«, meinte ich, »die scheinen tatsächlich was von uns zu wollen. Gehen wir erst mal an den Kai.«

Grinsende Gesichter nahmen unsere Leinen in Empfang, und kaum lagen wir einigermaßen sicher vertäut, als eine Invasion von acht mehr oder weniger Uniformierten über uns hereinbrach. Alle waren in verschiedenem Ausmaß betrunken, alle hatten uns gleichzeitig Wichtiges zu sagen, und alle wollten zunächst etwas trinken. »Schnaps!« rief der mächtig angetörnte Vertreter der Hafenbehörde immer wieder. »Schnaps, Schnaps!« Vielleicht wollte er damit beweisen, wie gut er die deutsche Sprache beherrschte. Glücklicherweise sprach Christian fließend spanisch, und so gelang es uns, die einflußreichen Herren halbwegs zu beruhigen. Fünf Mann bewachte ich in der Messe, die übrigen drei wurden von Christian nach vorne geführt, wo sie im Schein ihrer Taschenlampen begannen, jeden Winkel an Bord zu untersuchen.

Ein *piloto* in zerknittertem Khaki sprach als einziger meiner Gruppe ein paar Brocken Englisch. Gott allein weiß, was ein Lotse bei der Einklarierung zu suchen hatte, aber wenigstens konnte er mir als Dolmetscher behilflich sein. Unter seiner Mitwirkung füllte ich sechs verschiedene Dokumente aus, die alle Flecken vom guten Hennessy-Cognac abbekamen, den sich inzwischen die Vertreter von Einwanderungsbehörde, Zoll und Marine brüderlich teilten.

Mittlerweile war die Durchsuchungsgang im Waschraum angelangt und interessierte sich brennend für jedes Arzneifläschchen, für Handtücherstapel und Reinigungsmittel. Selbst intime weibliche Hygieneartikel waren nicht sicher vor den strengen Prüferaugen. Offenbar ärgerlich, daß sie bisher kein Rauschgift oder sonstige Bannwaren gefunden hatten, berieten sich dann die Herren in rasend schnellem Redeschwall. Selbst Christian zuckte verständnislos die Achseln. Schließlich einigte man sich anscheinend auf einen letzten Versuch. Der Lotse erhob sich schwankend und bedeutete mir radebrechend, ich solle die Bodenbretter hochnehmen. »Schön«, meinte ich verstimmt, aber nicht ohne Genugtuung, »dazu müßt ihr alle erst mal verschwinden.« Christian übersetzte und konnte sich ein Grinsen nicht verkneifen.

Als sich alle nach achtern und nach oben verzogen hatten, öffnete ich die Bilgen. Matt glänzten Wassertanks und Ballast zwischen teerschwarzen Bodenwrangen. Mit hochgezogenen Augenbrauen starrte der Oberzöllner in den Kielraum. »Que es esto?« Argwöhnisch beleuchtete er mit seiner Taschenlampe fünfeinhalb Tonnen Blei, aber geduldig erklärte ihm Christian Art und Zweck der grauen Masse.

»Comprendo, okay, okay, take it out!« Wie sollten wir fünfeinhalb Tonnen Blei im Handumdrehen herausheben? Wir hatten ziemlich zu tun, bis wir ihm diesen Wunsch ausreden konnten. Endlich sahen wir aufatmend zu, wie einer nach dem anderen mit erheblicher Schlagseite an Land kletterte. »Hasta pronto!« rief uns der Lotse zum Abschied zu. »Bis bald!« War es Schadenfreude, die ihn dabei lachen ließ?

Am nächsten Tag fuhren Christian und ich nach Santo Domingo. Stundenlang dröhnte unser klappriger Mietwagen durch eine topfebene Savannenlandschaft. Tamarinden- und Akaziengehölze wechselten ab mit lichten Palmenhainen; hin und wieder erhaschten wir einen Blick aufs blaue Meer. Große Flächen wurden intensiv landwirtschaftlich genutzt, vor allem mit Zuckerrohranbau, aber wir sahen auch stattliche Herden von Langhornrindern.

In der Nähe der Hauptstadt veränderte sich das Bild. Aus der schmalen Küstenstraße wurde eine vierspurige Autobahn mit ginsterbesetztem Grünstreifen. Blumenrabatten schmückten ihre Ränder, und große Tafeln kündeten von der gewaltigen Anstrengung aller, die Nation zu stärken: «Todos por la Patria.« Durch gepflegte Villenvororte wurde der zunehmende Verkehr zur Stadtmitte geführt. Wir überholten Maultiergespanne und Pferdefuhrwerke; staubverkrustete Lkw ratterten an uns vorbei, und dann drängelten sich alle Fahrzeuge auf die enge Brücke über den Rio Ozama. Damit der günstige Eindruck nicht abrupt gestört wurde, hatte man die Brückengeländer mit mannshohen Sperrholz- und Hartfaserplatten verkleidet. Denn zu beiden Seiten des Flusses erstreckten sich kilometerweit die verwahrlosten Slums von »El Capital«.

Die deutsche Botschaft – klein, aber nobel – war in einer besseren Gegend untergebracht. Schwarz-rot-gold flappte es träge an einem dezenten Mast vor dem bungalowähnlichen Gebäude, und Bougainvilleasträucher umrankten das adlergeschmückte Emblem. Vom Dach ragte eine lange Kurzwellenantenne in den blauen Himmel.

Der kahlköpfige Leiter der Dienststelle empfing mich mürrisch. »Ihren Paß wollen Sie verlängern? Das geht hier nicht! Wir müssen ihn per Kurierpost nach Hause schicken. Es dauert dann mehrere Wochen, bis Sie ihn wiederhaben. Fliegen Sie besser nach Deutschland und erledigen Sie alles selbst. Außerdem haben Sie ja offenbar noch einen Wohnsitz in Heikendorf, nicht wahr?« Er schob meinen Ausweis über den fast leeren Schreibtisch. Nur ein Pfeifenständer sah so aus, als ob er häufig benutzt würde.

»Was hat denn mein Wohnsitz mit einer Paßverlängerung zu tun?« entgegnete ich verwirrt.

»Sogar sehr viel!« Belehrend hob der Beamte den rechten Zeigefinger. »Für einen deutschen Staatsangehörigen ohne festes Domizil in der Bundesrepublik sind unsere Auslandsvertretungen durchaus zuständig. *Ihre* paßrechtlichen Angelegenheiten aber regelt Ihre Gemeindeverwaltung, denn dort sind Sie ja gemeldet. Außerdem...« Er machte eine Kunstpause, beugte sich weit vor und fuhr bedeutungsvoll fort: »Außerdem müßte ich mich sowieso erst nach Ihrem Leumund erkundigen. Wer weiß, vielleicht drücken Sie sich vor irgendwelchen Unterhaltszahlungen oder sind gar steuerflüchtig?«

»Nun gut, wie wäre es dann mit einem Telex nach Heikendorf?« schlug ich hoffnungsvoll vor. »Die Antwort wäre sicher morgen hier.«

Aber der Beamte schüttelte bedauernd den Kopf. »Wir haben kein Adressenverzeichnis dieser Gemeindegrößen.« Er griff sich eine seiner Pfeifen und begann mit seinem Sessel zu wippen, während sich in mir altbekannter Behördenärger zusammenzog.

»Und über Kiel Erkundigungen einzuziehen oder einen Kurzwellenfunkspruch abzusetzen – ist das etwa auch unmöglich?«

Umständlich fummelte der Botschafter an seiner Pfeife herum. »Ja, über Kiel nachzuforschen, ist zu umständlich. Und eine Sendeanlage besitzen wir hier nicht.« Frech log er mir ins Gesicht. Die Antenne auf dem Dach war schließlich nicht zu übersehen, und außerdem stand im Vorraum deutlich sichtbar ein großer Telefunkensender, wie ich ihn von der Marine her kannte.

Mein bisher noch unterdrückter Ärger begann hochzusteigen. Irgendwie mußte mir dies anzusehen gewesen sein, denn plötzlich lenkte der Mann ein. »Ich mache Ihnen einen Vorschlag: Wir verlängern Ihren Paß um drei Monate, und Sie versuchen es noch mal in Panama bei unserer dortigen Vertretung. Ich werde den Kollegen schriftlich informieren.«

Das war immerhin besser als gar nichts; aber Wanderer, wehe, wehe, kommst du deutschen Behörden in die Quere!

Vom Wachhabenden in der Capitania ließ ich mir sofort nach unserer Rückkehr einen Ausklarierungstermin für den nächsten Tag geben. Wir bekamen sogar die Erlaubnis, an einem Patrouillenboot festzumachen, hatten aber pünktlich um 7.00 Uhr morgens zur Stelle zu sein. Nichts lieber als das!

Die Sonne war noch nicht über die Bäume am Flußufer gestiegen, als wir fünf Minuten vor der Zeit unseren Liegeplatz verließen. Die kühle, kräftige Morgenbrise wehte den dicken schwarzen Qualm der Zuckerraffinerie wie eine Piratenflagge seewärts. Die Strömung war immer noch stark und würde mit dem Wind unser Anlegemanöver am Schnellboot der dominikanischen Marine etwas knifflig gestalten.

Unsere Leinen flogen präzise auf Vor- und Achterdeck des Kriegers, aber die dort wartenden Soldaten belegten sie nicht. Unschlüssig sahen sie hinüber zur Pier, wo ein schmalbrüstiger Operettenoffizier für uns Unverständliches in den klaren Morgen schrie. Entschuldigend zuckten die Marineros mit den Schultern und warfen verlegen unsere Festmacher zurück. Augenblicklich erfaßte uns die Strömung.

»A la muelle, aqui, aqui!« hörten wir nun deutlich. Wieder an diesen vermaledeiten Kai? Damit wieder ganze Kohorten an Bord einfallen konnten? Niemals!

»Los, hoch die Segel!« rief ich Christian zu. Bärbel lief ans Ruder, ich rannte zum Großmast, und keine zwei Minuten später jagten wir den Rio Dulce hinunter. An Land dauerte es ein bißchen, bis sich alle Betroffenen von ihrem Erstaunen erholt hatten. Aber dann trillerten mehrere Batteriepfeifen fast gleichzeitig los.

»Vielleicht war's doch keine so gute Idee, hier ohne Ausklarierung zu verschwinden«, meinte Christian zweifelnd, als er ein gutes Dutzend Soldaten im Laufschritt zum Hafen eilen sah. Auch mir war etwas mulmig zumute, und schon bereute ich meine Voreiligkeit. Aber für Reue war es jetzt zu spät. Wir waren bereits draußen, hatten die blaue See erreicht und setzten soviel Tuch wie möglich.

Das Glück war mit uns. Als zwei Stunden später die Küste hinter dem Horizont versank, hatte sich noch immer kein Schnellboot blikken lassen. »Mir fällt gerade ein«, sagte Christian, »daß die Herren Offiziere gestern erst gegen zehn Uhr an Bord kamen. Möglicherweise kriegen die anderen den Kahn ohne sie nicht in Gang. Also haben wir noch mindestens eine Stunde Zeit.« Er grinste mich mit Verschwörermiene an. »Dann kann ich Juanita aus der Vorpiek holen!«

Obwohl wir solche Scherze öfter machten, wäre Bärbel fast darauf hereingefallen; auch ich war einen Augenblick im Zweifel, ob er nicht doch eine der attraktiven Dominikanerinnen als blinden Passagier an Bord geschmuggelt hatte.

In den folgenden Tagen wehte der Nordostpassat kräftig, und wir ersegelten beachtliche Etmale, so daß wir uns schon sieben Tage später der Küste Panamas näherten. Spätnachts passierten wir die Molenköpfe von Cristobal und motorten dann über den weiten Vorhafen. Überall lagen große Fahrzeuge vor Anker, Barkassen, Schlepper und Lotsenboote flitzten hin und her, und das Lichtergefunkel erinnerte uns an die nächtliche Unterelbe. Wir ankerten auf den Flats, dem für Yachten und kleine Schiffe ausgewiesenen Gebiet im Osten des Hafens. Nur noch leicht wehte der Wind von der Karibik herein – ein letzter Abschiedsgruß des Atlantiks?

Am nächsten Morgen wurden wir früh von Zoll und Immigration geweckt. Als man die Ausklarierung der Dominikanischen Republik zu sehen verlangte, erzählte ich unser dortiges Erlebnis. Ob ich denn keine andere verdammte Ausklarierung hätte? O ja, die von St. Lucia oder von den Virgin Islands täten's auch, Hauptsache, man hatte etwas für die Akten.

Die Weihnachtstage verbrachten wir sang- und klanglos. Richtige Festtagsstimmung kam bei 35 °Celsius und steifem Passat nicht auf; es blies so stark, daß wir den zweiten Anker klarmachen und das Sonnensegel abnehmen mußten.

Am 28. Dezember gingen wir mit der *Red Twin*, einem Kieler Katamaran, das erste Mal durch den Kanal. Es ist üblich, daß man sich beim Handhaben der Leinen untereinander hilft; sonst wird es teuer, denn außer dem Lotsen sind fünf Mann als Crew vorgeschrieben, vier an den Leinen und einer am Ruder. Außerdem lernt man so eine ganze Menge für die eigene Kanalfahrt.

Zurück fuhren wir mit der Kanalbahn im klimatisierten Eisenbahnabteil und schauten, bequem in den Polstern liegend, hinaus in den Dschungel, der in der Mittagshitze brütete. Alligatoren und Riesenschlangen leben hier, hin und wieder sah man ein Faultier an einem Ast hängen und Affen zwischen Lianen herumklettern. Das Gebiet war weitgehend menschenleer, und die einzige Verbindung über Land war diese Bahnstrecke, wie der Kanal selbst unter ungeheuren Anstrengungen verwirklicht.

Am 3. Januar gingen wir ankerauf. Unser Lotse, Mr. Robby Robinson, hatte schon die Hiscocks und viele andere Segler wohlbehalten nach »drüben« gebracht. Außerdem war er lustig, sympathisch und scheute sich nicht, selbst mal mit anzupacken, wenn Not am Mann war.

Wir hatten schönes, leicht bewölktes Wetter mit wenig Wind, genauso wie ich's mir zur Einfahrt in die Gatunschleusen gewünscht hatte. Als wir dann in die erste der großen Kammern einliefen, klappte alles. Die Wurfleinen wurden von oben präzise geworfen, un-

Zum ersten Mal im Panamakanal

sere Crew arbeitete schnell, und bald waren die vier langen Kanalleinen fest belegt. Die mächtigen Tore schlossen sich, heftige Strudel brachen an die Wasseroberfläche, schnell wurden wir angehoben. Jetzt kam es auf zügiges Einholen der Lose an, denn in den Wasserwirbeln mußte das Boot parallel zu den Schleusenwänden in der Mitte der Kammer gehalten werden. Zweimal wiederholte sich dieser Vorgang. Ein liberianischer Massengutfrachter vor uns machte rücksichtsvoll wenig Propellerstrom beim Anfahren aus der letzten Schleuse – das war immer ein kniffliger Augenblick –, und dann motorten wir, fünfundzwanzig Meter über dem atlantischen Meeresspiegel, auf dem Gatunsee den »Banana Cut« hinunter.

Robby führte uns auf dieser Abkürzung durch eine enge, betonnte Fahrrinne, wo überall abgestorbene Hartholzbäume im Wasser stehen und weite Buchten und tiefe Wasserarme in den Urwald schneiden. Wir setzten den leichten Drifter und liefen gute Fahrt, so daß wir eben bei Dunkelwerden die Pedro-Miguel-Schleuse erreichten. Dort mußten wir auf einen »Großen« warten, mit dem wir zusammen bergab schleusen konnten. Während der Wartezeit erzählte uns Robby Einzelheiten über den Kanal.

Dieses Riesenprojekt wurde von den USA in zehn Jahren für rund 400 Millionen Dollar fertiggestellt, nachdem die Franzosen wegen diverser Schwierigkeiten aufgeben mußten. 1914 durchfuhr das erste Schiff diese Wasserstraße, welche die Entfernungen »außen herum« – beispielsweise von New York nach Callao (Peru) um 6200 sm, von Hamburg nach San Francisco um 5700 sm – gewaltig verkürzt. Der Kanal ist achtzig Kilometer lang, also kürzer als der Nord-Ostsee-Kanal, aber um wieviel schwieriger war sein Bau! Wo in Schleswig-Holstein meist nur leichtes Gestein zu bewegen war, mußte hier ein ganzes Gebirge durchquert werden, kein geringeres als die Amerikanische Kordillere. Und wenn bei uns der Kiel-Kanal flaches Acker- und Weideland bei gemäßigtem Klima durchschneidet, da breiteten sich hier fieberverseuchte Sümpfe und undurchdringlicher Dschungel aus – in einer der heißesten und feuchtesten Zonen unserer Erde.

Spätnachts erreichten wir die Miraflores-Schleusen und liefen dann, vom Ebbstrom des Pazifik unterstützt, hinaus Richtung Flamenco Island. Wir unterquerten die mit Scheinwerfern angestrahlte kühne Bogenkonstruktion der »Brücke der zwei Amerikas« und ankerten müde und abgespannt bei geräuschvoll ablaufendem Wasser.

Der Pazifik rollte in leichtem, langem Schwell von weit her herein. Es war schon ein erhebendes Gefühl, die Südsee endlich vor uns zu

Zwischen den Dickschiffen in einer Schleuse des Panamakanals

An den langen, unberührten Stränden der Las-Perlas-Inseln

sehen. Nur Earl, einer unserer kalifornischen Leinenhandler, meinte: »It's just seawater!«

Ursprünglich hatten wir von hier aus direkt die Galapagos ansteuern wollen, aber man hatte uns soviel Gutes über die Las-Perlas-Inseln im Golf von Panama erzählt, daß wir dorthin einen Abstecher unternahmen.

Viele dieser Eilande sind unbewohnt, völlig ursprünglich und einsam. Man hört nachts nur das Knispeln der Fische am Rumpf; leise haucht der Nordwind von Amerika herüber, und dunkel, ohne jedes Licht, liegen die Inseln auf dem im Mondschein glitzernden Wasser. Hier verbrachten wir ruhige, erholsame Tage. Bei Niedrigwasser – der Tidenhub beträgt immerhin vier Meter – sammelten wir Austern und riesige Pazifikconches, die sehr gut schmecken. Bärbel war ganz außer sich vor Freude, als sie am unberührten, langen Strand der Isla Bayoneta schwarze Korallen fand.

Nach zwei Wochen aber lockten Polynesien und andere Ziele weiter westwärts doch zu sehr. Außerdem hatte uns ein Freund ins Gästebuch geschrieben: »Und wer den Panamakanal in Ost verschwinden läßt, für den liegt uns're Waterkant in jedem Falle West!«

Reis Afghanistan

Herbert, der Skipper der Nai Ut, *lud uns zu diesem schmackhaften Essen ein, das jeder nachkochen kann, der es nicht versäumt hat, von zu Hause EVST-Fleisch in Dosen mitzunehmen.*

Zutaten: Zwei Tassen Reis, vier Tassen Wasser, zwei Zwiebeln, einige Pfefferkörner, zwei bis drei Lorbeerblätter, zwei Nelken, eine frische Ingwerknolle, eine Zimtstange, ein Eßlöffel Rosinen, eine große Dose EVST-Fleisch.

Zubereitung: Zwiebeln und Ingwerknolle grob zerkleinern. Dann alle Zutaten bis auf das Fleisch zugedeckt kochen, bis alles Wasser vom Reis aufgenommen ist. Den geschlossenen Topf zehn Minuten stehen lassen. Fleisch untermischen. Fertig.

Die Schatzinsel

Seit dem Erscheinen von Robert Louis Stevensons berühmtem Jugendroman stellt sich der Phantasie von Generationen junger und jung gebliebener Menschen immer wieder die Frage nach der Lage jener Insel, wo Kapitän Flints Halsabschneider angeblich ihre geraubten Schätze vergraben hatten. Noch heute werden Expeditionen zusammengestellt, um vor der amerikanischen Ostküste und in der Inselwelt Westindiens auf den Spuren Blackbeards, Morgans oder Captain Kidds nach Truhen voller Dublonen zu suchen.

Obwohl dann und wann spektakuläre Funde gemacht werden und manche Sage zur Wirklichkeit wird, bleibt weiterhin offen, wohin Stevenson die Brigantine *Hispaniola* segeln ließ, an welchem Strand der einbeinige Schiffskoch Silver seine Kumpane versammelte und über welche Berge Jim Hawkins kletterte. Wo gab's einen Fernrohrhügel, wo lebten Robben und Papageien zugleich, und welches Eiland entsprach in Form und Größe am ehesten Treasure Island?

Vielleicht ist es ganz gut, daß niemand diese Fragen beanworten kann, denn nur so bleibt der nötige Raum zum Träumen, wenn beim Schmökern Pulverdampf in die Nase steigt und der Wind das alte Lied verweht: »Fünfzehn Mann auf des toten Kerls Kiste, johoo, und 'ne Buddel voll Rum...«

Auch wenn vieles dagegenspricht, ist für mich Cocos Island im Pazifik der Schauplatz dieses Piratenabenteuers. Zumindest sehe ich es so seit dem Morgen, als seine steilen Küsten und dicht bewaldeten Berge für uns in Sicht kamen. An Klippen und Felsabbrüchen barst die lange Ozeandünung in weißen Kaskaden, das dunkelblaue Meer hob und senkte sich langatmig vor dem grünen Land, und schon auf ziemlich große Entfernung waren fremdartige Gewächse zu erkennen: silbergraue, schlanke Balsastämme, urweltliche Baumfarne und Lianen, die wie ein Tarnnetz das matte Grün der Wälder überzogen. Im Seehandbuch stand: »Die noch nicht restlos erforschte und vermessene Südwestküste steigt mit steilen Abhängen von der Wasseroberfläche auf. Auch die nordwestlichen und nordöstlichen Seiten besitzen Steilküsten... Frischwasser gibt es reichlich, da zahlreiche Wasserfälle vorhanden sind. Die umliegenden Gewässer sind durch Haifische verseucht. In der Nähe der Insel ist die Strömung stark und unregelmäßig...« Ist in diesen nüchternen Bemerkungen nicht schon genug Stoff für eine Abenteuergeschichte enthalten?

Erwartungsvoll näherten wir uns in einer leichten südlichen Brise der nordöstlichen Küste und ankerten um die Mittagszeit über tiefem Wasser in der Chatham Bay. So klar waren die Fluten, daß ich beobachten konnte, wie in sechzehn Meter Tiefe unser Stockanker von einem Korallenpilz abrutschte und dann den Sand aufwirbelte. Vom Rasseln der Kette waren Hunderte von Seevögeln in ihrer Siesta gestört worden. Über unseren Masten kreisten Fregattvögel mit leuchtend roten Kehlsäcken, Tölpel schrien mit ihnen um die Wette, und das heisere Krächzen wurde gelegentlich von dem einzigen anderen Geräusch übertönt, das es hier gab: dem Donnern eines kräftigen Rollers an den Felsen.

Nur zu gut konnte ich mir vorstellen, wie vor dreihundert Jahren an derselben Stelle die *Bachelor's Delight* des Piratenkapitäns Davis vor Anker ging. Er und sein Schiff waren bei den Spaniern gefürchtet, denn unter anderem hatte er 1685 die Stadt Leon in Nicaragua erstürmt und mehrere reich beladene Galeonen gekapert. Die Reichtümer dieser Raubzüge sollen so umfangreich gewesen sein, daß bei der Teilung die Goldstücke in Krügen zugemessen wurden. Wahrscheinlich versteckte nicht nur er, sondern auch mancher von seinen Leuten seinen Anteil auf der Insel, so daß auch kleinere Schätze noch in Schluchten und Höhlen liegen dürften. Über das Versteck des Hauptschatzes gibt es nur vage Anhaltspunkte.

Schon besser Bescheid weiß man über den Mammon des Benito Bonito. Als besonders berüchtigter Seeräuber fiel er zunächst in Westindien und später an den Küsten zwischen Peru und Mexiko auf. Auch er verbarg sein Raubgut hier. Werte in Höhe von vielen Millionen Dollar schleppte er in der weiter westlich liegenden Wafer Bay an den Strand, wo er sie möglicherweise in einer der vielen Grotten und Höhlen unterbrachte, die von der Brandung aus den Felsen gewaschen worden sind.

Ziemlich genau bekannt sind die näheren Umstände, die mit dem dritten und größten Schatz verbunden sind. Es handelt sich dabei um die märchenhaften Reichtümer der Kirche und der weltlichen Herren von Lima, die sicherheitshalber an Bord eines britischen Kauffahrers gebracht wurden, als Truppen des General Bolivar 1821 die Stadt bedrohten. Leider erwies sich der Kapitän des Schiffes nicht als so vertrauenswürdig, wie es der Magistrat von Angelsachsen offenbar erwartete. Er nannte sich Thompson; *Mary Read* war sein Schiff, und vielleicht war ein Name hier nicht Schall und Rauch, denn so wie der Segler hieß auch eine Piratin, die um 1720 in Westindien ihr Unwesen trieb. Das dürften auch die entsetzten Stadtväter gedacht haben, als sie die Meldung erreichte, daß die *Mary Read* über Nacht den Hafen verlassen hatte.

Kapitän Thompson war inzwischen auf hoher See. Unter anderem hatte er eine lebensgroße Statue der Jungfrau Maria aus purem Gold an Bord, die sicherlich nur unter beträchtlichen Schwierigkeiten in der Wafer Bay an Land gebracht werden konnte. Nachdem die Millionen vergraben waren, zeichnete Thompson einen genauen Lageplan, um den Schatz später leicht wiederzufinden. Aber er kam nie mehr nach Cocos zurück, denn sein Schiff wurde aufgebracht und die Besatzung gehängt. Nur ihm und einem Matrosen gewährte man Aufschub, damit sie das Versteck zeigen konnten. Es gelang ihnen zwar zu fliehen, aber Thompson wurde zeitlebens nicht mehr froh. Er verfiel in Depressionen und starb früh. Auf dem Totenbett vertraute er einem Freund namens Keating sein Geheimnis an. Dieser reiste mit der Karte zur Schatzinsel, um das ungeheure Vermögen zu bergen. Doch das Unternehmen endete in Mord und Meuterei.

Seitdem hat nachweislich niemand etwas von dem Hort gefunden. Alle hoffnungsvollen Schatzsucher wurden von Cocos enttäuscht. Denn das Gelände ist schwierig. Dichte Regenwälder bedecken die Insel, der Dschungel ist an vielen Stellen praktisch undurchdringlich, und zahllose Schluchten und Höhlen durchziehen das Terrain, das zu einem geologisch instabilen Teil der Erdkruste gehört. Wahrscheinlich sind die Verstecke längst von abgerutschten Hängen verschüttet worden, oder Erdbeben haben die Zugänge zerstört. Auch mag die fortwährende Brandung einen Küstenabschnitt zum Einsturz gebracht haben, wo Benito Bonito oder ein anderer Galgenvogel seinen Raub verwahrte.

Wir nahmen jedenfalls keine Spitzhacke mit ins Dingi, als wir an Land gingen. Ein kleiner Fluß erreichte, von hohen Bäumen beschattet, im Inneren der Chatham Bay das Meer. Hier zogen wir schnell das Boot auf den Strand, denn bevor der nächste Brecher auflief, mußte es aus der Brandungszone entfernt sein. Über große, von der See glatt geschliffene Steine kletterten wir an Land. Eine einzelne Kokospalme neigte sich über einen verwilderten Garten voller Bananenstauden. Weit verstreut lagen Wellblechreste, Treibholz und vom Rost zerfressene Metallteile. Wer hier wohl gelebt hatte?

Bald umgab uns grünes Halbdunkel. Weit entfernt rauschte ein Wasserfall. Und plötzlich standen wir am Rand des schönsten Swimmingpools der Welt. Über eine schwarz glänzende Felswand ergoß sich murmelnd und sprühend der klare Bach und plätscherte in ein nierenförmiges Becken aus Vulkangestein. Darüber wölbte sich dichter Pflanzenwuchs, durch dessen Blätterdach Sonnenstrahlen huschten und helle Kringel auf die Wasseroberfläche malten. Trotz der Mücken zogen wir uns aus und wateten in die kühle Badewanne hinein. Ich legte mich auf den Rücken, schloß die Augen und trank. Das Wasser des Gebirgsbachs schmeckte nach Moos, Erde und Gestein, auf alle Fälle aber so frisch und süß, wie gutes Wasser nach langer Seefahrt dem Gaumen schmeichelt. Lange lag ich so und blinzelte träge hinüber, wo sich Bärbel unter der kleinen Kaskade duschte. »Morgen bringe ich unsere Wäsche her«, rief sie lachend und wischte sich das Wasser aus den Augen. Vor allem werden wir unsere Tanks füllen, dachte ich. Wer weiß, wie voll die Zisternen auf den Galapagos-Inseln sind.

Am nächsten Morgen ging ich mit Ramon, dem Skipper einer Schweizer Yacht, zum Fischen. Ihn und Erika hatten wir bereits auf den Las Perlas kennengelernt und hier wiedergetroffen. Ihr Boot rollte weit entfernt von unserer *Atair* im langen Schwell, als wir im Dingi vorbeifuhren.

»Hier ist schlechter Ankergrund«, meinte der eidgenössische Kollege. »Nur Koralle, wenig Sand.«

»Ganz recht«, bestätigte ich, »aber unser Stockanker wird schon halten. Ich weiß nur nicht, wo wir das Dingi verankern sollen, wenn wir tauchen. Sieh dir mal die Brandung an!« An den steilen, unzugänglichen Flanken der kleinen Isla Manuelita am Eingang zur Bucht sprühte der Gischt hoch auf, und immer wenn unser winziges Sperrholzboot von einem Dünungsrücken angehoben wurde, sahen wir schäumende Wirbel um einzelne Klippen kreisen.

»Wieso möchtest du eigentlich gerade dort draußen fischen?«

Ramon schob den Hebel des Außenborders auf Vollgas, setzte sich bequem zurecht und grinste gelassen. »Weil dort vielleicht ein Schuß genügt. Dicke Fische stehen da, du wirst schon sehen. Einer von denen reicht für uns vier. Und ankern werden wir gar nicht. Laß mich schießen und zieh einfach das Dingi hinter dir her.«

Ich dachte daran, daß die Gewässer um Cocos als haiverseucht galten, ließ mir aber nichts anmerken. Als wir dann vor dem über hundert Meter hohen Felsklotz des Inselchens knapp außerhalb der Brandung unsere Ausrüstung anlegten, war ich aber doch nervös, und erst als die blaugrünen Fluten über mir zusammenschlugen und die tanzenden Luftblasen verschwunden waren, wich meine Besorgnis begeistertem Staunen. Eine wundersame Korallenlandschaft lag zwölf Meter unter mir: pilzförmige Korallenstöcke, geweihähnliche Elchkorallen, Gorgonien, leuchtende Formationen in Blau, Rosa, Grün und Gelb. Zwischen Felshöckern erstreckten sich Senken voller Sand, und überall funkelten Sonnenlichtreflexe. Ramon stand, mit den Schwimmflossen fächelnd, senkrecht im Wasser und lud seine Harpune. Im weiten Umkreis schwammen riesige Kingfische, Jacks, Rochen und große Wrackbarsche, und am Meeresboden schnüffelten träge einige Schwarzflossenhaie. Sie beachteten uns nicht, denn es gab ja viel Bekömmlicheres zu fressen als Schwimmflossen und Tauchermasken. Kurz nacheinander schoß Ramon zwei beachtliche Jackfische. Ich nahm ihm die Beute ab und warf sie ins Boot. Wie er schon sagte, reichten diese beiden ausgezeichneten Speisefische für die Crews beider Boote. Nachdem so das Abendessen gesichert war, schwammen wir weiter um die kleine Insel herum.

Am Südende, also in Richtung unseres Ankerplatzes, schnitt eine Grotte tief in die Felsen ein. Wir wagten uns ein kleines Stück in ihre Tiefen und erkannten, daß sie viel größer war als eine normale Brandungshöhle. Wieder dachte ich an Davis, Bonito und Thompson. Könnte es sein, daß hier...? Aber auch wir fanden keine Antwort, denn für eine Schatzsuche hätten wir starke Unterwasserlampen gebraucht, vernünftige Tauchanzüge, Preßluft und anderes. Japsend tauchten wir im warmen Sonnenlicht auf, hievten uns ins Dingi und rieben uns trocken.

»Schade«, sagte Ramon. »Wer weiß, vielleicht...«

Ich sah ihn skeptisch an. »Nehmen wir an, du würdest einen Teil des Schatzes finden. Wie würdest du ihn denn wegschaffen? Denk an die Behörden und andere Freibeuter, an die vielen Neider!«

»Oh, darüber würde ich mir keine Sorgen machen.« Ramon lächelte spitzbübisch. »Ich würde einfach eine Tonne Blei aus meinem Kiel meißeln. Dann hinein mit dem Gold, Zement oben drauf, fertig. Das findet niemand.«

Gar keine schlechte Idee, dachte ich und begriff gleichzeitig, daß sich offensichtlich kein Besucher der ganz speziellen Aura von Cocos entziehen konnte: über den dichten Wäldern und dem Brandungsdunst an der Küste schien immer etwas Unwirkliches zu schweben. Wenn nachts die Seen grollend an den Strand liefen und dabei grobes Geröll rasselnd hin und her kollerte, wenn durchdringendes Geschrei aus dem Dschungel ertönte, dann meinte man, das Quietschen von Riemen zu hören, das Knarren von Rahen und halblaute Kommandorufe.

Drohender Himmel in den Kalmen

Als wir spät abends zu viert den köstlichen Fisch verzehrt und Wein aus Panama dazu getrunken hatten, drehte sich unser Gespräch um diese Ausstrahlungskraft der Kokosinsel. Vielleicht waren wir deshalb so fasziniert von den schwarzen Berghängen und der im Mondlicht glitzernden Bucht, weil jeder von uns etwas Freibeuterisches in sich spürte. Auch wir waren unabhängig und frei, konnten kommen und gehen, wann wir wollten. Aber unser größter Reichtum war die Zeit.

Auf der Suche nach einem Platz an der Sonne

Wer heutzutage als »Normaltourist« an der Wasserfront südlicher Häfen vorbeischlendert, wird sich vielleicht fragen, welche Leute dort – oft mit Familie und recht häuslich eingerichtet – die verschiedenartigsten Boote bewohnen. Noch vor zwanzig Jahren wäre die Antwort ziemlich einfach und weitgehend eindeutig gewesen: Damals waren es in der Regel ältere Menschen, die nach ihrer Pensionierung auf einer Yacht Ruhe und Frieden suchten, etwas, das an Land bereits spärlich zu werden begann. Sportlichkeit gehörte dazu, denn die damaligen Boote waren tatsächlich schlecht mit den heutigen vergleichbar. Hafenmanöver unter Segeln waren keine Seltenheit. An elektrische Ankerwinschen und Selbststeueranlagen dachte man noch kaum, und wer ahnte schon etwas von Satellitennavigation, Amateurfunk an Bord oder gar von einem Mikrowellenherd? Im allgemeinen lebten diese Leute von ihrer Rente oder von Ersparnissen und waren deshalb finanziell weitgehend unabhängig. Umfangreiche Lebenserfahrung, langjährige Segelpraxis und häufig ein bewährter und treuer Lebensgefährte trugen weiterhin viel zu einem gesicherten Hintergrund bei, so daß aus diesen Kreisen nur selten Dramatisches zu hören war. In aller Stille segelten beispielsweise die Hiscocks in diesen frühen Jahren zweimal um die Erde, die van de Wieles mit ihrer gaffelgetakelten *Omoo* schon früher auf ähnlichen Kursen, und als nach gewissenhaft geplanter Weltreise das erste deutsche Ehepaar, Elga und Ernst-Jürgen Koch, 1967 wieder in Hamburg eintraf, hatte sich noch immer nichts Grundlegendes beim Langzeitsegeln geändert.

Wie ihre Eigner, hatten auch die Schiffe einen ausgeglichenen Charakter. Holz war immer noch vorherrschend, Stahl weithin in Gebrauch. Nachts klapperten noch keine Fallen gegen Alumasten, und die Flaggenparade war kein Anlaß zu gesellschaftskritischen Äußerungen. Im Rigg gab's noch Spleiße, und auf dem Tauwerk saßen Taklings, Winschen hatten die einfachen Taljen noch nicht völlig ersetzt.

Und heute? Wenn wir an irgendeinem Kai entlangbummeln, wo sich die Hochseesegler jedes Jahr wie Zugvögel versammeln, fällt eines sofort auf: ihre große Zahl. Wo früher zwei, drei Yachten vor Anker lagen, reihen sich in unserer Zeit Dutzende, ja mancherorts Hunderte aneinander: rostrot, aus geknicktem Stahl, die vielen Franzosen, deren Nationalität weniger an der Trikolore zu erkennen ist als an der lässigen Art, wie sie ihre Fahrzeuge behandeln. Aus gleichförmigem Kunststoff, meist gut gepflegt, sind dagegen die Amerikaner, an deren Heck häufig ein großes Sternenbanner hängt. Und dann, zahlenmäßig mit an dritter Stelle, kommen schon die Deutschen. Mit eher zu kurz geratenen Nationalflaggen sind ihre Boote bis auf wenige Ausnahmen Symbole der neuen Individualität. Von der Dschunke aus Beton über U-Boot-Ähnliches bis hin zum slupgetakelten Privatfrachter aus Stahl fährt fast alles unter Schwarz-Rot-Gold zur See.

Dennoch – viel ist es nicht, was Nationalitäten des Seglervolks unterscheidet, allenfalls noch die Sprache. Aber Englisch sprechen fast alle, und mittlerweile lassen sich sogar einige Franzosen dazu herab. Entlang der Barfußroute trägt man auch auf Ankerplätzen Badehose oder Bikini und letzteren sehr oft ohne Oberteil. An Land sind Shorts, T-Shirts und Plastiklatschen nahezu Standard geworden. Aber aus welchen gesellschaftlichen Schichten stammen diese »Nichtstuer«, »Aussteiger« oder »Frührentner«, deren Wäsche munter an der Reling flattert? Wir haben unter ihnen beinahe alle Berufe gefunden wie Pastor, Arzt, Landwirt, Juraprofessor, Offizier, Vertreter, Hausfrau, Klempner, Maurer, Schlachter, Spediteur, Elektroniker, Ingenieur, Prokurist, Schriftsteller und viele andere. Bis auf einen Beruf: Nie begegnete uns ein an Bord lebender Politiker!

Traum der Seezigeuner: eine einsame Bucht in den Marquesas

Das Paar dort drüben, das blonde Mädchen und der braungebrannte Bursche mit dem schwarzen Bart, wie alt mögen sie sein? Kaum über zwanzig. Und es sind noch jüngere unterwegs auf der Suche nach der Freiheit der Meere. Aber eigentlich sind alle Altersklassen vertreten. Es gibt immer noch den pensionierten Beamten, den Rentner, und Eric Hiscock, der im Alter von achtundsiebzig Jahren starb und bis kurz vor seinem Tod noch zusammen mit seiner Frau Susan segelte, war keine Ausnahme.

Viele Yachties reisen mit ihren Kindern an Bord. Sie glauben, für deren Ausbildung und Entwicklung ausreichend Sorge zu tragen, und sind teilweise fest davon überzeugt, daß die Sprößlinge nirgendwo besser an die Anforderungen des Lebens herangeführt werden könnten als eben auf Bootsplanken. Ich erinnere mich allerdings an eine Schweizer Dschunke, wo die erwachsene Tochter und beide Söhne ihren Eltern deutliche Vorwürfe machten. Seit ihrer Kindheit waren sie offenbar ohne Alternative zum Bordleben geblieben, und nun rächte sich das Versäumte: Wie sollten sie ohne nachweisbare Berufsausbildung Geld verdienen und ein eigenständiges Leben planen?

Jahr für Jahr wird die Flotte der Boote größer, die im jahreszeitlichen Rhythmus die Ozeane befahren, auf einsamen Kursen und doch zu vielen Hunderten – wie die Perlen einer Kette. An ihren Hecks und von ihren Masten wehen die Flaggen vieler europäischer Länder. Die Segler aus wohlhabenden Nationen machen sich nur selten Sorgen um das tägliche Brot. Ihre Pläne beschäftigen sich vielmehr mit der Zukunft. Sie können sich den Luxus erlauben, die Freiheit jenseits des Alltäglichen zu suchen. Viele sind enttäuscht von einer Welt, in der Geld und Machtstreben wichtiger sind als eine intakte Umwelt, wollen als Mensch ein verantwortungsbewußter Teil der Natur sein. Immer größer wird so das Heimatdefizit für jene, die sich zu weit weg gewagt haben, zu weit weg von der Realität.

Aber natürlich sind die Beweggründe für eine große Reise vielfältiger Art. Da ist die Familie, die ganz einfach die Welt dort erleben möchte, wo sie noch schön und fremdartig ist. Sie gibt ihre Existenz zu Hause zeitweilig auf, um unsere Erde segelnd zu erfahren. Oder nehmen wir den Einzelgänger, der allein am besten klarkommt, der Kompromisse scheut oder vielleicht nicht den richtigen Partner fand. Er mag auf der Suche nach einem neuen Anfang sein – irgendwo dort, wo die Sonne scheint. Und weitab von exotischen Häfen und Palmenstränden prügeln Eigenbrötler ihre Schiffe um den Globus, durchs Eismeer oder gegen die Passatwinde um die Erde. Egotrips sind »in«, und den modernen Gladiatoren winken Geld und mit trägen Wohlstandsbürgern gefüllte Vortragssäle. Dort leuchten dann hinreißende Bilder von der Leinwand, Bilder von glühender Sonne und blauer See. Unter Segeln zieht ein kleines Boot durch grenzenlose Weiten in einen grandiosen Sonnenuntergang hinein, und kreisende Albatrosse vermitteln den Eindruck vollendeter Harmonie. Genau das ist es, wonach heute so viele Sehnsucht empfinden: in Eintracht mit sich und der Welt zu leben. Wenn dann die Lichter im Saal wieder angehen und die Stühle scharren, sagt sich mancher: »Das machst du auch! Einfach los, ein Boot anschaffen, und nichts wie hinterher!« Er vergißt dabei, daß hinter diesen Traumbildern fast immer die harte Realität steht: Seekrankheit, Erschöpfung nach vielen Meilen über See, die unerbittliche Routine der Schiffspflege, der Navigation, die körperliche und seelische Belastung zermürbender Flauten und Stürme.

Als Beispiel für eine derartige Fehleinschätzung mag ein Erlebnis dienen, das wir in Atuona auf Hiva Oa in den Marquesas-Inseln hatten. Die Hauptrollen spielen dabei der Amerikaner Tom, seine Frauen, und *Marie*, sein Boot. Schon äußerlich unterschied sich der Mann sehr von seinen Landsleuten in Kaliforien, denn er war klein, dickbäuchig und x-beinig. Ein pechschwarzer Vollbart kontrastierte gewaltig zu seiner weißen Gesichtshaut und dem knallroten, von der Sonne gegrillten Hals. Er war mit seinem umgebauten dänischen Fischkutter von San Diego nach den Marquesas gesegelt, wobei er schon vor der kalifornischen Küste zweimal von der Coast Guard hatte abgeborgen werden müssen; unterwegs verlor er zwei Großsegel und ein Dingi. Als er sechzig Seemeilen nördlich von Hiva Oa stand, setzte er nachts einen Notruf ab, denn er war seiner Position nicht sicher und verwechselte normale Wellenkämme mit der gefürchteten Brandung an der Küste. Zusammen mit seiner Frau und Schwägerin hatte Tom unterwegs Navigation lernen wollen, denn man hatte dazu ja wochenlang Zeit, sagte er sich. Noch niemals waren die drei Optimisten vorher gesegelt, und so wunderten sie sich doch sehr, wie oft sie sogar nachts an Deck mußten. Doch wozu besaß die *Marie* eine starke Dieselmaschine? Viele hundert Seemeilen lang wurde im Passatgürtel motort, bis die Tanks in den Mallungen, wo man den Kraftstoff dringend gebraucht hätte, fast leer waren.

Dennoch lag plötzlich eines Abends der stämmige dänische Kutter neben uns. Wir tranken mit französischen Freunden Wein und bemerkten, wie er mit einemmal dicht an uns vorbeitrieb. Tom saß vorn

Die Bucht war sehr klein, eigentlich nur eine erweiterte Flußmündung …

und beobachtete die Ankerkette im Strahl einer Taschenlampe gute zehn Minuten lang, ohne sich entscheiden zu können. Dann sah er uns und verbeugte sich höflich. »Guten Abend, Gentlemen«, sagte er. »Mein Anker schliert.« Mehr nicht.

»Ja, Tom, das sehen wir«, gab ich zurück.

»All right, aber ich habe ein Problem: Es sind zwei Frauen an Bord.« Endlich bat er uns, ihm zu helfen.

Als wir auf seinem Deck standen und fragten, wieviel Kette gesteckt sei, antwortete er entgeistert: »Eine ganze Menge, warum?« Wir holten per Hand seinen Anker hoch, und siehe da, bei vier Meter Wassertiefe hatte er ganze sechs Meter Kette draußen gehabt. Nirgendwo gab es Längenmarkierungen, die Winsch war nicht zu gebrauchen, weil die Kurbel nicht zu finden war, und alles verrostete und gammelte vor sich hin. Dennoch gelang es uns, das Boot an einer guten Stelle zu verankern, möglichst weit weg von *Atair*, denn sein Anker wog nicht mehr als zehn Kilogramm.

In der nächsten Nacht frischte der Passat auf und trieb ziemlich viel Schwell in den Hafen herein. Bärbel weckte mich gegen vier Uhr morgens. »Du, ich glaube, die *Marie* treibt schon wieder.«

Also Hosen an und an Deck. Tatsächlich, der Kerl trieb erneut durch die Bucht, diesmal aber auf uns zu! Und wieder hockte Tom vorn und beschwor seine Kette. Als er uns schon recht nahe war, rief ich ihm zu, er solle endlich etwas unternehmen.

»Okay, Klaus«, antwortete er. »Was schlägst du vor?« Nach gutem Zureden hievte er endlich die Kette ein, und eine seiner Ladies stellte sich an Ruder und Maschine. Die *Marie* ging nun langsam voraus. Ich dachte schon, alles wäre geregelt, als ein Zittern durch unser Boot lief. Der Anker des Kutters mußte unsere Kette gefaßt haben und rutschte nun daran entlang. Wütend schrie ich hinüber, er solle seine Maschine stoppen, aber ich hörte nur, wie der Motor aufheulte. Dann wurden wir, wie von Geisterhand bewegt, hinter der *Marie* durch den Hafen geschleppt.

Fieberhaft überlegte ich. Was tun? Doch eigentlich war es für alles schon zu spät, denn die Bucht bei Atuona ist sehr klein, eigentlich nur eine erweiterte Flußmündung. Es lagen einige Yachten vor Anker, aber glücklicherweise rammte unser Schleppzug keine davon. Endlich gelang es Tom, seinen Motor abzustellen, und wir kamen bei ihm längsseits. Bärbel mußte unsere Fender bedienen, während ich vier Anker mit den zugehörigen Ketten einholte und klarierte. Außer uns hatte Tom also noch weitere Boote auf den Haken genommen! Er saß

Man lebt billig, wenn Frischproviant direkt bei den Einheimischen gekauft wird

nur erschöpft an Deck und war nicht ansprechbar. Eine seiner Damen schluchzte vor sich hin.

Für uns lief die Sache glimpflich ab: ein verbogener Servoruderschaft und einige Kratzer am Bug. Aber auf *Marie* ließ sich nichts mehr kitten. Tom wurde wenig später von seiner Frau verprügelt; zwei Tage danach flog sie mit ihrer Schwester über Tahiti nach Hause. Die Reise war zu Ende.

So ergeht es mehr Leuten, als man glaubt, und nicht nur die Amerikaner sind es, die bei hellem Tageslicht auf Riffen stranden, andere Boote beschädigen oder in Situationen hilflos sind, die bei uns zu Hause zum Alltag gehören. Auch Deutsche leisten sich manch starkes Stück. Vielleicht liegt es daran, daß viele Langzeitsegler im Grunde gar nicht gerne *segeln*. Für sie ist ihr Boot nur ein Reisegefährt, auf dem man immer in vertrauter Umgebung ist, egal, wohin man fährt.

Wenn es sein muß, kann man von verblüffend wenig Geld leben und dennoch jeden Tag in traumhaft schönen Landschaften frühstücken. Weil dies immer mehr mit unserer Industriegesellschaft Unzufriedene erkennen, nimmt die Zahl derer zu, die man »Seezigeuner« nennt. Der sportliche, seemännische Aspekt des Langstreckensegelns tritt mehr und mehr in den Hintergrund, und so überrascht es gar nicht, daß heute gut ausgebildete Segler, die ihre Boote in Ordnung halten und mit einer gewissen Planung um die Erde segeln, manchmal schon belächelt werden.

Diese Entwicklung führte dazu, daß wir Segler nicht mehr überall willkommen sind. Auch ein »Seezigeuner« benötigt hin und wieder finanziellen Nachschub, und wenn die eigenen Ersparnisse verbraucht sind, kommt es manchmal zu Diebstählen; Schwarzarbeit zu Dumpingpreisen ist an der Tagesordnung und macht viel böses Blut in der einheimischen Bevölkerung. Deshalb braucht sich niemand zu wundern, wenn die behördlichen Bestimmungen für durchreisende Yachties immer schärfer werden. Schon heute meiden Erfahrene die traditionellen Blauwasserrouten, wo vor zwanzig Jahren die Kochs und Hiscocks noch unberührte Plätze fanden, sich aber inzwischen vieles geändert hat. Auf abgelegenen Pfaden suchen die »alte Garde« und einige Neuzugänge ihre Befriedigung, die allein sich gleich geblieben ist: aus eigener Kraft ein fernes, unbekanntes Ziel anzusteuern, im Einklang mit Wind und See die weiten Ozeane zu überqueren und nach manchmal anstrengenden Tagen an einem Ort anzukommen, wo man Ruhe und Frieden findet. Bis es einen wieder hinaustreibt zu neuen Ufern.

Ein Fest auf Ahé

Aus größerer Entfernung wirkt ein Atoll wie verloren in der Weite. Grüne Palmwedel scheinen direkt aus dem Ozean zu wachsen; erst wenn man auf etwa vier Meilen herangekommen ist, sind als ihr Unterbau die kleinen niedrigen Motus des Ringriffs zu erkennen. Vielleicht waren in der vergangenen Nacht bei Mondlicht Sternbeobachtungen möglich, dann ist der Schiffsort verläßlich und die lange Palmenreihe am Horizont gehört tatsächlich zur angesteuerten Insel in den Tuamotus. Aber selbstverständlich ist das nicht, denn die Strömungen im »Gefährlichen Archipel« sind unberechenbar und manchmal sehr stark. Sie wurden mit ihren großen Versetzungen schon manchem Schiff zum Verhängnis. Die Riffe bestehen aus messerscharfen Korallen und steigen jäh aus der Tiefe empor; Lotungen sind deshalb wertlos.

Wir erreichten Ahé, unser erstes Atoll der Südsee, pünktlich um die Mittagszeit. Es war zwanzig Minuten nach Stillwasser, und eine leichte Strömung lief in die Lagune hinein. Der Paß durchs Riff war sehr schmal, aber kurz und frei von gefährlichen Untiefen. Dicht am Fahrwasser stand ein weißer Pfahl, eine der spärlichen Navigationshilfen in Französisch-Polynesien, wo man zwar Geld für Atombombenversuche übrig hat, für die Schiffahrt aber kaum etwas tut. So gibt es im riesigen Gebiet der Tuamotus nur sechs schwache und unzuverlässige Leuchtfeuer. Doch daran denkt man verwundert nur bei der Ankunft in diesen riffgespickten Gewässern. Die übrige Zeit waren wenigstens wir vollauf begeistert von diesem Segelrevier. Es liegt zwar nicht abseits der Trampelpfade der Langzeitsegler, aber sogar heute noch, im Zeitalter der elektronischen Navigation, trauen sich längst nicht alle Yachties in die zauberhaften, aber gefährlichen Lagunen.

Ist man erst mal drin, innerhalb der Riffkette, müssen sich die Augen zunächst an den eigentümlichen Glanz hier gewöhnen. Die kleinen kurzen Wellen des türkisfarbenen Wassers reflektieren das Sonnenlicht weit stärker als die längeren Seen draußen. Das grünliche Licht strahlt gebündelt aus der Tiefe empor und ist das immer wiederkehrende Thema in der Symphonie der Südseefarben.

Einer aus der Crew sollte deshalb hoch in den Wanten oder auf der Saling sitzen, denn von oben kann er tief und weit sehen und so gefährliche Korallenköpfe rechtzeitig erkennen. Diese Pilze aus Kalk wachsen aus großen Tiefen dem Sonnenlicht entgegen und recken sich als braune und gelbe Tupfen bei Ebbe oft aus dem Wasser. Bei Hochwasser bleiben sie verborgen und sind in unsichtigem Wetter, wenn die Sonne niedrig steht oder gar nachts tückische Hindernisse.

Im Süden Ahés liegt auf einem größeren Motu das Dorf. Fünf Meilen ist es vom Paß entfernt und trägt den klangvollen Namen Tenukupara. Im Doppelglas erkannten wir schon von weitem die bunten Holzhäuschen und die kleine Kirche, die sich unter die windzerzausten Palmen duckten und Schutz suchten vor dem Ozean. Tatsächlich donnerte die Brandung an der Luvseite, also im Osten, zeitweilig so heftig gegen das Riff, daß wir Gischt zwischen den Palmwipfeln hochwirbeln sahen. Die langen Wogen rollen von weither an und wuchten gewaltige Wassermassen über die ringförmige Barriere in die Lagune. Dieser ständige Zustrom findet im Paß an der Nordwestseite seinen einzigen nennenswerten Auslaß und ruft mit den Gezeiten bei fallendem Wasser starke Strömungen hervor; sie machen die Zufahrt für Yachten recht schwierig.

Aber wir näherten uns bereits dem Dorf, sahen Kinder im seichten Wasser spielen und machten uns wegen der Riffpassage keine Gedanken mehr. Dann fiel der Anker ins klare Wasser, und kurz danach lag das Schiff so ruhig wie auf einem Mühlteich. Frisch fächelte der Wind über die Palmen, die raschelnd den hellen Strand säumten, und am blauen Himmel zogen weiße Schönwetterwolken in stetiger Folge nach Westen. Von den entfernteren Motus kehrten einige Dorfbewohner in ihren Booten nach Hause zurück. Fröhlich winkten sie herüber, Gesang wehte vorbei.

Bis an Bord alles aufgeklart und das Sonnensegel aufgeriggt war, wurde es Abend. Die Lagune färbte sich dunkelblau, der Himmel wurde rot, und bald ging die Sonne in einem solchen Crescendo von Farben unter, wie wir es nie zuvor gesehen hatten. Die Venus strahlte hell und klar im Westen, und in der schon dunklen Hälfte des Firmaments funkelten wie auf Samt die ersten Sterne.

Nach unserem ersten Frühstück in Ahé nahmen wir gleich ein erfrischendes Bad und schnorchelten hinüber zu einer kleinen Sandbank vor dem Motu. Im seichten Wasser stand eine junge Vahine und blinzelte in die Sonne. Der Wind fächelte durch ihr blauschwarzes Haar, und zwei kleine Mädchen hielten sich an ihrem bunten Pareu fest, den sie locker um den Körper geschlungen trug. Lächelnd drückte sie Bärbel ein hohes Plastikgefäß mit Schnecken- und Muschelschalen in die Hände und winkte uns, ihr zu folgen.

Vor einem halbfertigen Haus und einem ebensolchen Boot saß Te-

Vom Wirbelsturm zerzauste Palmen auf dem Atoll Ahé

tua, ihr Ehemann, und rauchte eine Zigarette. Auch er lachte übers ganze breite Gesicht und schüttelte mir kräftig die Hand. Kokosnußkrabben huschten in ihre Löcher, als wir hinübergingen zur neuen Behausung der Familie. Die alte, so erzählten die beiden fröhlich, sei beim letzten der diesjährigen Orkane einfach in die Lagune gespült worden – wie die meisten Häuser des Dorfes. Meterhoch hätten die Flutwellen das Inselchen überrollt. Die Bewohner fanden Schutz in der Kirche und im Gemeindehaus und blieben glücklicherweise alle am Leben.

Seitdem wurde überall gehämmert, gesägt und wurden Dächer gedeckt; täglich konnten wir Fortschritte sehen. Trotz der Arbeit ließ es sich Tetua nicht nehmen, mich am Nachmittag zum Fischen einzuladen, denn abends sollte ein Fest stattfinden. Ungläubig hörten wir, daß es uns zu Ehren geschah. War also doch noch etwas vom alten Polynesien, von der weltberühmten Gastfreundschaft seiner Menschen übriggeblieben? Schon bald konnten wir es staunend bejahen.

Es begann damit, daß Tetua, Maru, Teina und Hiti mich zur Fischjagd abholten, als die Sonne schon sank. In einem langen schlanken Kanu kamen sie längsseits, dessen traditionelle Besegelung längst einem starken Außenbordmotor gewichen war. Ich nahm Tauchmaske, Schnorchel und Harpune und sprang ins Boot. Lachend und gestikulierend fuhren wir los.

Ziemlich weit entfernt vom Dorf warf Maru vom Bug aus ein schweres Eisengewicht an langer Leine hinüber auf einen zerklüfteten Korallenkopf, wo es nach einigem Rucken hängenblieb. Blaugrün leuchtete die Lagune, braun, gelb und rot schimmerten die Korallen. Also Maske naß machen, reinspucken, verreiben, wieder ausspülen, Schnorchel zurechtrücken, und dann der Sprung ins warme klare Wasser. Luftblasen wirbelten, Sonnenstrahlen tanzten um mich herum. Tetua schwamm dicht an der Felswand entlang; Maru war schon abgetaucht und strebte mit ruhigen Flossenschlägen dem Dunkelgrün der Tiefe entgegen.

Ich mußte mich erst an die Umgebung gewöhnen: links die Erker, Vorsprünge, Nischen und Arme des Korallenstaates, wo Seeanemonen fächelten und Tridacna-Austern erschrocken ihre blauen Weichteile zurückzogen, wenn mein Schatten auf sie fiel. Bunte Korallenfische huschten hin und her. Oben brodelte es weißblau gegen das Gestein, und der dunkle Umriß des Bootes stand verschwommen über mir.

Polynesische Häuser sind schattig und luftig

Teina kam schnell aus der Tiefe zurück und brachte einen großen Wrackbarsch zum Kanu. Meine Harpune war geladen, schien mir aber ziemlich nutzlos, denn bis jetzt war keine Beute für mich in Sicht. Teina und Maru lachten unter Wasser und winkten mir, ihnen nachzuschwimmen. In etwa sechs Metern Tiefe gab mir Teina zu verstehen, ich solle in diese, ja richtig, in diese Höhle unter dem kleinen Überhang schießen. Ohne zu zielen? Weil mir die Luft knapp wurde, schwamm ich schnurstracks auf das dunkle Loch zu. Nichts zu sehen. Ich hielt das Gewehr aufs Geratewohl hinein und drückte ab. Sand wirbelte auf, und ein großes, braungeflecktes Etwas drehte wilde Kreise. Erregt zog ich den Pfeil heran und jagte mit der Beute an die Wasseroberfläche. Es war ebenfalls ein Barsch, und ich weiß nicht, wer sich mehr darüber freute, ich oder die beiden Experten. Fröhlich schlugen sie mir auf die Schulter und wollten sich ausschütten vor Lachen, denn sie sahen es meiner ungläubigen Miene an, daß ich immer noch nicht so recht wußte, wie mir geschah.

Aber nun packte mich die Jagdleidenschaft. Zwei Papageienfische schoß ich ohne Anleitung und wollte sie eben zum Boot zurückbringen, als mehrere Schwarzspitzenhaie aus der Tiefe herankamen. Inzwischen war wohl zuviel Blut im Wasser, und zu oft hatte es laut geknackt, wenn die Harpunen abgeschossen wurden. Aber die Profis ließen sich durch die Räuber keineswegs stören. Als Hiti, der mehrere Fische am kurzen Tampen hinter sich herzog, zu sehr von ihnen bedrängt wurde, schrie er sie wütend an und trat sogar nach einem besonders zudringlichen Hai. Tatsächlich ließen sie ab von ihm. Mir aber wurde es unheimlich. Als ich sah, wie einer der größeren Haie die überaus unfreundliche, aber typische Rüttelbewegung machte, schwamm ich zurück zum Kanu. Diese ruckartigen Kopfverrenkungen der Tiere erinnerten mich daran, wie uns beim Anblick schmackhafter Speisen das Wasser im Mund zusammenläuft. Also besser keinen Anreiz bieten.

Ich hievte mich ins Boot und wartete auf die anderen. Die Sonne schickte ihre Strahlen nun schon sehr schräg über Ahé. Die Farben waren weicher geworden, die Motus im Westen standen wie Scherenschnitte vor dem hellen Himmel, und der Wind flaute ab. Es wurde kühler. Als wir wenig später zum Dorf zurückfuhren, lagen an die dreißig Zackenbarsche, Snapper, Papageienfische und Jacks in unserem Boot.

Hiti rollte mir eine Zigarette. Er war ein großer, ziemlich korpulenter Polynesier mit Wuschelkopf und mürrischer Miene. Nur ganz sel-

Bärbel mit fußballgroßen Pampelmusen

ten huschte ein Lachen über sein Gesicht. Wortlos rauchten wir die zerknautschten Zigaretten mit dem schwarzen Tabak. In der seltsam gedehnten tahitianischen Sprache redeten die anderen freudestrahlend durcheinander, weil es wieder mal einen Grund zum Feiern gab.

Zwei Yachten aus den USA waren inzwischen eingetroffen. Im Vorüberfahren luden wir auch ihre Crews zum abendlichen Fest ein.

Als die Sonne hinter dichten Cumuluswolken verschwunden war und ihre letzten Lichtbahnen sich in zarten Pastelltönen radial am Himmel ausbreiteten, erklangen aus der Richtung von Tetuas Haus Ukulelen- und Gitarrenklänge. Durch Palmenwedel flammte Petroleumlicht auf, und vom Feuer, das am Strand glühte und dessen Knistern bis zu uns drang, zogen appetitliche Düfte heran. Es wurde Zeit. Auch von den beiden US-Booten lösten sich Dingis, und wir strebten dem Land entgegen.

Die Mühe, die sich die achtzig Dorfbewohner machten, um mit uns allen diesen Abend zu feiern, war einmalig. Dabei besaßen die Leute nach den schweren Verwüstungen durch »Veena«, den letzten der diesjährigen Orkane, praktisch nur noch das, was sie am Leibe trugen. Jetzt, nach knapp zwei Monaten, sah ihre Situation zwar schon besser aus, war aber noch weit vom normalen Leben auf einem Atoll entfernt. Immerhin gab es inzwischen wieder Mehl, aus dem herrliches Brot gebacken wurde. Auch Reis war vorhanden. Aber alle anderen Zutaten entstammten den Riffen und Palmenhainen der Insel. Viel Arbeit war erforderlich, um Poisson cru – rohen Fisch – zuzubreiten. Pahua- oder Tridacna-Austern gab's in Curry-Kokos-Sahnesoße, gebackenen Fisch in vielen Variationen und als Delikatesse Palmherzensalat.

Die siebenundsechzigjährige Mama Fana, eine wirkliche Dame auch ohne elegante Garderobe, stand fröhlich lächelnd am Tisch in der Mitte des einzigen Raumes. Mit einladender Handbewegung forderte sie uns zum Zugreifen auf und erklärte jede Speise. An den rohen Wänden und auf dem kahlen Fußboden des halbfertigen Hauses lehnten oder saßen vorwiegend Männer, in Unterhaltung vertieft oder musizierend. Ihre Frauen schwatzten am Eingang, und durch die Fensteröffnungen spähten kichernd junge Mädchen.

Es wurde ein fröhliches Fest. Hiti sang mit heller Stimme die alten polynesischen Weisen und schlug gekonnt dazu Gitarre, Banjo oder die Ukulele, das typische Instrument für den feurigen Tamuré. Seine Augen blitzten, wenn die Tänzer vor ihm vorbeiwirbelten, wenn die Musik immer schneller wurde, wenn im Licht der Flammen und Lampen die schrankenlose Fröhlichkeit, das Lebensbejahende dieser Menschen durchbrach; eben die Fähigkeit, glücklich zu sein. Dazu benötigten sie keinen Alkohol, keine aufwendigen Kulissen (denn die Natur sorgte ja für den wundervollsten Rahmen), keine Standessymbole und vor allem keine Redensarten. Ich werde nie vergessen, wie leicht und einfach hier mit wenig vieles erreicht wurde; wie froh und ausgeglichen Menschen waren, die bei uns, ginge es nach unseren Ansprüchen, nur Mitleid fänden.

Als wir an Bord zurückkehrten, strahlte über der Lagune der abnehmende Mond. Die Brandung donnerte wie eh und je gegen das Riff, und schwarz und unbewegt schien unsere *Atair* vor sich hin zu träumen.

Fischsuppe Possession Island

Knapp westlich von Cape York ankerten wir zusammen mit der deutschen Yacht Woglind *in einer einsamen Bucht voller Austernbänke. Unsere Freundin Bärbel kochte Fischsuppe nach folgendem Rezept:*

Zutaten: Filets von einem festfleischigen Fisch in Stücke schneiden (in unserem Fall war es ein großer Trevally). Acht ausgelöste Austern, ein Eßlöffel Mayonnaise, ein Eßlöffel kleingehackte Oliven, eine kleine Dose Tomaten, eine kleingehackte große Zwiebel, zwei gehackte Knoblauchzehen, Weißwein oder Sherry, Brühwürfel, Öl, Pfeffer, Thymian.

Zubereitung: Zwiebel und Knoblauch in Öl anbraten, Tomatensaft zugießen, Tomaten zerkleinern und ebenfalls zufügen und zusammen mit Oliven, Thymian und Brühwürfel so lange auf kleiner Flamme köcheln lassen, bis die Zwiebeln gar sind. Dann kommen der Fisch und die Austern hinzu, die man zehn Minuten ziehen läßt. Zum Schluß hebt man vorsichtig die Mayonnaise unter und schmeckt mit Wein und Pfeffer ab.

Der Südseepapst

Es gibt ihn also doch, den Abenteurertyp der Erzählungen von Somerset Maugham und Jack London! So wie er uns begegnete, so hatte ich mir diese Gestalt der tropischen Inselwelt vorgestellt, nur konnte ich nie recht glauben, daß es sie wirklich gab. Zu schillernd erschienen mir ihr Äußeres und ihr Charakter.

Schließlich aber saß ich wirklich einem solchen Mann gegenüber, der es offenbar geschafft hatte, das nutzlose Getue, die öde Leere, das Anspruchsdenken unserer Zivilisation hinter sich zu lassen. Wie schon andere über ihn berichtet hatten, schien er als Lebenskünstler gelassen und heiter das unbeschwerte Leben der Südsee zu genießen.

Wir tranken mit anderen Seglern ein Bier in einem Straßenlokal an der Wasserfront von Papeete, als er sich zu uns gesellte. Sogar im Sitzen überragte er mit seiner stattlichen Figur manche hin und her eilende, braunhäutige Serviererin. Er unterstützte sein Gardemaß noch durch einen hohen leichten Hut aus Palmgeflecht. Ein wohlgepflegter grauer Vollbart umgab, am Kinn spitz zulaufend, sein großflächiges, gutmütiges Gesicht mit den listig funkelnden Äuglein. Die ganze Zeit schien ein amüsierter, vielleicht auch geringschätziger Zug um seine Mundwinkel zu spielen, aber es mag sein, daß nur die ungewöhnlich füchsische Barttracht schuld an diesem Eindruck war. Er war nicht nur hochgewachsen, sondern auch wohlbeleibt und sah behäbig aus in den bunt bedruckten Shorts und dem weit offenen Buschhemd, das seine dicht behaarte, muskulöse Brust enthüllte.

Zunächst beteiligte er sich wenig an unseren Gesprächen, in denen wir Erlebnisse seit Panama austauschten und noch kaum über die Südsee sprechen konnten. Zu frisch war unsere Ankunft im Zentrum Französisch-Polynesiens. Immerhin wußten wir schon mehr über ihn und seine Lebensart als er über uns, und so wertete ich seine anfängliche Zurückhaltung als reine Höflichkeit. Er trägt einen germanischen Vornamen, aber bei seiner Distanz zu allem Nationalen hätte er ebensogut Alain, Bruce oder Pjotr heißen können. Der Einfachheit halber und aus anderem Grund nenne ich ihn Janus.

Es war heiß in Papeete. Zwischen Tiare- und Hibiskusblüten hindurch brannte das Sonnenlicht auf unsere schwitzenden Körper, huschte in Kringeln über Biergläser und Einkaufstaschen, färbte die in der Luft wabernden Abgase und den Straßenstaub gelblich. Autos rasten auf dem Boulevard Pomaré hin und her, Musik dröhnte aus den

Landfall Tahiti

offenen Trucks, die als primitive Busse um die ganze Insel fahren. Kurz gesagt, der Lärm war infernalisch, etwa so schlimm wie in Kiel Freitag nachmittags um 17.00 Uhr, besonders aber für unsere Ohren, die seit einem halben Jahr die Stille des Großen Ozeans gewöhnt waren.

Janus nahm den Lärm erstaunlicherweise gar nicht wahr. Vielmehr erzählte er gerade die bezaubernde Geschichte der Prinzessin Hinano, die in grauer polynesischer Urzeit dem Aalkönig zur Braut gegeben worden war. Ganz paßte diese Sage aus alten Südseetagen nicht zum tahitianischen Großstadtmilieu, aber immerhin trug das einzige einheimische Bier den Namen dieser adeligen Schönen. Hinano... Allein schon der Klang läßt Palmen rauschen, Fische im Mondlicht springen und Wasserfälle schäumen; man hört Trommeln dröhnen, und die Ukulele spielt zum Tanz der Illusion.

Janus besaß die typischen Eigenarten des weitgereisten Südseewanderers. Er wußte Bescheid, kannte Gott und die Welt, verstand zu improvisieren. Probleme? Ach, die gab's gar nicht! Trotzdem meinten wir eins zu haben: unsere Windfahnensteuerung. In Atuona auf den Marquesas hatte sie Tom, der driftende Amerikaner, so beschädigt, daß wir kurzentschlossen eine Aries bestellten. Nun suchten wir einen

Schweißer, der die erforderliche Halterung an unserem Heck anbringen konnte. Natürlich wußte Janus Rat: »Sicher kann euch Holger helfen. Er liegt noch in Moorea vor Anker und hat eine hervorragende Werkstatt an Bord. Aber eines muß ich dir sagen, Klaus...« Er rutschte dicht an die Tischkante, beugte seinen massigen Oberkörper weit vor und tuschelte mit schräg gelegtem Kopf: »Tatsache ist, Holger macht gute Arbeit, das schon, aber sonst...« Lange ruhten seine funkelnden Augen auf meinem ratlosen Gesicht.

»Schön«, entgegnete ich unsicher, »aber wo ist der Haken an der Sache?«

Sofort straffte er sich, sein Blick wurde verschlagen, und fast böse antwortete er: »Du wirst es schon noch erfahren.«

Ich war so klug wie zuvor. Janus' Verhalten blieb mir so lange ein Rätsel, bis mir tiefere Einblicke ins »Paradies« vergönnt waren.

Der Garten Eden ist klein. Er umfaßt etwa 13000 Hektar bei einer Länge von siebzehn Kilometern und einer Breite von zwölf. Es gibt fünf nennenswerte Gemeinden mit ungefähr 6000 Einwohnern, die fast alle entlang eines schmalen Küstenstreifens leben. Die Haupterwerbsquellen Mooreas sind nicht mehr wie früher Kopraproduktion, Vanille- und Kaffeeanbau, sondern der Tourismus. Hotels, Restaurants, Andenkenläden, Autoverleiher und Fähren beschäftigen eine große Anzahl der Einwohner. Der Rest verläßt Moorea am Montagmorgen, um während der folgenden Woche in Papeete zu arbeiten, und kehrt zum Wochenende auf die kleine Schwesterinsel Tahitis zurück. Die Probleme, die aus solchen gesellschaftlichen Umwälzungen entstehen, sind beträchtlich und lassen sich auch nicht durch Singen und Lachen bei den allwöchentlichen Tanzdarbietungen in den Hotels verwischen. Die Wirklichkeit dieses »Paradieses« ist durchaus ernst und nicht so heiter und erlösend, wie Janus es gerne glauben möchte.

Kontakte zwischen den Popaas, den Weißen, und der Stammbevölkerung sind zwar vorhanden, gehen aber über Oberflächliches nicht hinaus. Wirkliche Freundschaften sind selten, und auch die Beziehungen der Weißen untereinander lassen sehr zu wünschen übrig. Neid und Mißgunst, Vorurteile, Klatsch und Tratsch machen einen wesentlichen Bestandteil des eintönigen Tagesablaufs aus, gedeihen aber im Verborgenen, hinter vorgehaltener Hand, denn eigentlich schämt man sich dieses Benehmens ja doch. Weil Holger sich wie einige andere weigerte, bei diesem Zeitvertreib mitzuwirken, hatte auch er darunter zu leiden. Seine Schwächen eigneten sich eben wunderbar als Gewürz in der Gerüchteküche.

In der Pao-Pao-Bucht von Moorea

Auf Moorea wird die neue Windfahnensteuerung montiert

Wenn Janus in lässiger, weltmännischer Manier an der Hotelbar sein Bier genoß und dem Neuankömmling Geschichten über andere erzählte, wenn er auf tahitianisch die dralle Tiare oder die füllige Rosalie gönnerhaft neckte und jedermann überschwenglich begrüßte, der sich in seine Nähe wagte, dann fiel es schwer zu glauben, daß man selbst für ihn nur Objekt war. Aber Janus gierte eben nach Abwechslung, nach Neuigkeiten. Er brauchte fortwährend Menschen um sich, die ihn ablenkten von seiner Scheinwelt. Und er saugte Anerkennung, Dank und Komplimente auf wie ein Schwamm Wasser.

Für ihn hatte die Suche nach dem Paradies offenbar mit einem Mißerfolg geendet. Wie so viele, die vor ihm kamen und einfach hängenblieben, war er an einem uralten Traum gescheitert. Warum? Wahrscheinlich weil es auf Erden gar kein Paradies gibt, und weil jeder Mensch ein Produkt seiner Umwelt ist und sich nicht ganz abkoppeln kann von seiner Vergangenheit. Zu groß ist sein westliches Erbe, zu stark sind Gewohnheiten, Ansichten, Anerzogenes. Auch wer wie Janus den Eindruck erweckt, sein persönliches Shangri-La gefunden zu haben, bleibt dennoch meist im Inneren zerrissen.

Wo der *Seeadler* träumt

Am Abend des 13. Mai 1984 standen wir noch 25 Seemeilen vor dem Atoll Mopelia. Als die ersten Sterne im Osten zu funkeln begannen und der Vollmond rötlich gelb aus dem Ozean gestiegen war, halsten wir ein letztes Mal und brausten auf die Insel zu.

Der Passat hatte mächtig aufgefrischt und brachte einigen Spannschrauben die Flötentöne bei, wenn es ihm gelang, durch ihre Hülsenöffnungen zu pfeifen. Weil wir zu schnell waren, banden wir ein Reff ins Groß und bargen die übrigen Segel. In einer Peilung, die uns gut frei von den östlichen Riffen hielt, drehten wir bei und warteten den Morgen ab. An Schlaf war für mich nicht zu denken. Nicht nur wegen der Nähe der Korallenplateaus und der zauberhaften Sternenpracht über uns, sondern vor allem wegen der Legenden, die sich um die Insel und ihr berühmtes Wrack ranken, das noch immer an der Laguneneinfahrt liegen soll.

Was war am Morgen des 2. August 1917 wirklich geschehen, als hier, höchstens sechs Meilen von uns entfernt, der deutsche Hilfskreuzer *Seeadler* nach langer Kaperfahrt strandete? Warum war man damals überhaupt auf die Idee gekommen, diese gottverlassene Südseeinsel anzulaufen? Schließlich herrschte Krieg in Europa und auf allen Ozeanen; man mußte versuchen, den Gegner überall dort zu treffen, wo es am meisten weh tat. Was aber kam hier in Polynesien als Kriegsbeute in Frage, die wenigen, wurmzerfressenen Kopraschoner oder die kleinen Handelssegler, die zwischen den Inseln verkehrten? Waren dem bisher so erfolgreichen Freibeuter Graf Luckner die Zähne stumpf geworden? Lassen wir ihn selbst zu Wort kommen! In seinem Buch *Seeteufel – Abenteuer aus meinem Leben* * schreibt er dazu:

»Fünfunddreißigtausend Meilen hatten wir gekreuzt, monatelang nur Himmel und Wasser gesehen. Obwohl noch willig an Geist, unsere Kaperfahrt fortzusetzen, fühlten wir doch jetzt den größten Feind des Seemannes: Beri Beri, die Krankheit, in der das Blut zu Wasser wird. Verschiedene Leute hatten schon dicke Glieder und Gelenke infolge des schlechten Proviantes und mangelhaften Wassers. Wir mußten eine Insel anlaufen, um etwas Frisches zu finden. Dort wollten wir ausruhen, und dann sollte unser nächstes Kreuzergebiet ein Schlag um Neuseeland und Australien sein ... Uns war besonders darum zu tun,

* Koehler Verlag, Herford

Die Crew der Atair II *am Strand des Atolls Mopelia*

eine unbewohnte Insel aufzusuchen, und wir wählten deshalb Mopelia, zur Gruppe der Gesellschaftsinseln gehörig... Am Morgen kam uns die Insel in Sicht, wir steuerten sie an... Das kreisrunde Riff, auf dessen Grat sich dort, wo Humus entstanden, vier kleinere Inselchen und eine bandförmige Hauptinsel erheben, umschließt die kreisrunde Lagune. Dieses kesselförmige Stückchen Ozean, ebenso tief wie die umliegende See, unterscheidet sich von ihr durch seine Stille; spiegelglatt und ohne Bewegung gibt es das Gefühl des Geborgenseins. Das Korallenriff hat eine kleine Durchfahrt nach der Lagune, nicht weit genug, um mit dem *Seeadler* hineinfahren zu können. Sonst wäre uns der schönste, sicherste Hafen geboten gewesen.«*

So weit, so gut. Offenbar hatte die Crew des Kaperschiffs sich dasselbe Atoll wie wir zur Erholung ausgesucht. Während unsere viel kleinere *Atair* aber schon in wenigen Stunden wohlbehalten in der

* Luckner irrte sich: 1. Mopelia ist nicht ohne Bevölkerung und war auch zur Zeit seiner Ankunft bewohnt. Andere, tatsächlich unbewohnte Inseln liegen bequem erreichbar nicht weit davon entfernt. 2. Die Lagune ist an ihrer tiefsten Stelle ca. 100 m tief, im offenen Ozean vor dem Riff lotet man dagegen über 1500 m.

friedlichen Lagune vor Anker liegen würde, nahm man vor 67 Jahren auf *Seeadler* bewußt das hohe Sicherheitsrisiko in Kauf, außerhalb des Ringriffs zu ankern. Denn dort liegt man praktisch in freier See, nur höchst unzureichend geschützt, wenn der Wind von seiner Hauptrichtung Südost abweicht. Der oft hohe Seegang läuft sowieso fast immer um ein so kleines Atoll wie Mopelia herum und erzeugt dann gerade in Lee, also auf dem Ankerplatz, eine üble Kreuzsee. Aber ich will nicht vorgreifen.

Als die Sonne aufging, brachten wir *Atair* wieder in Fahrt und hielten auf das Nordende der langgestreckten Hauptinsel zu, die sich, wie Luckner sagt, bandförmig auf dem östlichen Teil des Riffs erstreckt. Die dichte Reihe der Kokospalmen kam schnell näher, und im goldenen Morgenlicht schäumte weiß die Brandung. Der Südostpassat war in den vergangenen Stunden abgeflaut und wehte nur noch mit knapp vier Windstärken, so daß wir bessere Chancen sahen, den schmalen Paß zu durchfahren. Gegen Wind und Strömung galt es, den nur 25 Meter breiten und 300 Meter langen Kanal zu bewältigen, der wegen seiner Untiefen am inneren Ende *Seeadler* damals ausgesperrt hatte. Doch zuerst mußten wir ihn finden.

Beim Bergen der Wrackteile von Graf Luckners SMS Seeadler

Dicht am Riff entlang pirschten wir uns mit Motorkraft südwestwärts. Während Bärbel an der Pinne uns frei von der Brandung hielt, bemühte ich mich vom Mast aus, die Bresche im Korallenwall zu erspähen. Zwischen zertrümmerten rostbraunen und grauen Gesteinsbrocken tauchte die dunkelgrüne Rinne plötzlich an Backbord voraus auf. Das Wasser darin ergoß sich in weißbrodelnden Kaskaden seewärts.

Mit höchster Motorkraft bogen wir ein und stellten uns der auslaufenden Strömung, die sich *Atair* mit etwa vier Knoten entgegenwarf. Mehr als fünf Knoten gab unser schwacher Motor aber nicht her, und so schoben wir uns nur Meter für Meter an den zum Greifen nahen Korallen vorbei. Glücklicherweise erwischten uns keine Querströmungen oder Wirbel. Wegen fehlender Landmarken fuhren wir nach Sicht und Wasserfärbung und kamen schließlich bei den Untiefen an, die das Fahrwasser hier selbst für Yachten schwierig gestalten.

Wie aus dem Nichts tauchte plötzlich ein Boot auf, in dem drei fröhlich grinsende Polynesier saßen. Sie lotsten uns hinein in die wunderschöne, grünblaue Lagune, und als wir schließlich wieder tiefes Wasser erreicht hatten, drosselten sie ihren Außenbordmotor und ließen uns herankommen.

Aufs Geratewohl fragte ich den Mann im Heck, ob er Daniel sei, der *Seeadler*-Experte, denn vor Tagen schon hatte ich über Funk von anderen Yachties erfahren, daß sich auf Mopelia ein Insulaner besonders gut mit dem Wrack auskannte. Und wie es der Zufall wollte, traf ich genau ins Schwarze. Ja, er sei Daniel Tahiarii, antwortete er erstaunt und geschmeichelt und wüßte genau Bescheid über den deutschen Hilfskreuzer. Es sei übrigens noch einiges an Wrackteilen vorhanden. Er machte eine ausholende Geste in eine Richtung, wo weit entfernt die Brandung grollte und blauweiße Wogen dem Horizont entgegeneilten.

Abends lagen wir dicht vor dem Ostmotu sicher vor Anker, und während Bärbel in der Pantry mit Geschirr klapperte und das Abendbrot zubereitete, saß ich unter dem Sonnensegel am Cockpittisch und sah hinüber zum Paß, wo gerade die Sonne unterging. Irgendwo dort war der Kreuzer gestrandet und verlorengegangen. Um das Unglück ranken sich mittlerweile viele Gerüchte, besonders in Neuseeland, und alle sind mehr oder weniger romantisch verbrämt.

Was war aber wirklich geschehen, als das Schiff das Atoll erreicht hatte? Luckner bezeichnet in seinem Buch als Ankunftstag den 29. Juli und berichtet: »Ein starker Strom setzte durch die Einfahrt. Wir brachten unseren Anker auf das Riff, und an einer langen Stahltrosse lagen wir infolge des Stromes gut frei von der Insel... (aber) der Ankerplatz machte uns anfänglich Sorge, und wir überlegten, ob wir das Schiff nicht frei im Meere treiben lassen und nur abends und morgens je einmal an Land fahren sollten. Das hätte uns aber zuviel unserer kostbaren Motorkraft gekostet und außerdem war der Motor selbst sehr ausbesserungsbedürftig. Deshalb versuchten wir mit allen Sicherheitsmaßnahmen zu ankern. Es zeigte sich bald, daß der Anker vom Riff schlippte; das stärkte unser Vertrauen, denn wenn der Strom so stark war, daß selbst der Anker nicht hielt, so war ein Herumschwojen des Schiffes an das Korallenriff durch etwaiges Umspringen des Windes unmöglich...«

War dies wirklich so undenkbar? Gewiß, achtern war zusätzlich ein Warpanker ausgebracht worden, aber dieser lag in so großer Tiefe am Steilabfall des Riffs, daß er wohl kaum sicher gehalten hätte; außerdem variiert die Strömung in der Nähe des Passes so stark, daß man sich sehr davor hüten sollte, ihre Richtung für beständig zu halten. Tatsächlich gibt es zumindest Hinweise auf ein schlechtes Gewissen des adligen Kommandanten. Wie das Kriegstagebuch berichtet, war das Schiff nämlich erst am 31. Juli außerhalb des Riffs vor Anker gegangen und lag somit lediglich rund dreißig Stunden dort, als es am 2. August vormittags auf die Korallen trieb. Wollte Luckner durch eine Verlängerung der Liegezeit bei seinen Lesern den Eindruck erwecken, alles wäre tagelang in Ordnung gewesen? Dabei war es mitnichten so, wie das unbestechliche Kriegstagebuch aussagt:

»Zunächst lag das Schiff ruhig. Jedoch zeigte es sich gegen acht Uhr abends, daß der Anker nicht gefaßt hatte, er rutschte ab, und *Seeadler* trieb in See. Am nächsten Morgen war *Seeadler* ungefähr zehn Seemeilen weit von der Insel abgetrieben, so daß diese noch gut zu sehen war. Es wurde erneut herangedampft und mit Backbordanker auf acht bis zehn Meter Tiefe geankert... Die Backbordwache wurde nun zur Erholung an Land geschickt... In der Nacht kam der Wind aus nordöstlicher Richtung. Auf der Mittelwache, die Leutnant Kircheiß innehatte, kam das Schiff in gefährliche Nähe der Korallen, jedoch gelang es mit Hilfe des Heckankers, des Besans und des Kreuzstengestagsegels, den *Seeadler* noch freizuhalten. Der Wachoffizier hatte gebeten, den Ankerplatz sicherheitshalber zu verlassen...«

Dies geschah jedoch nicht. Wenige Stunden später, als Graf Luckner und andere wachfreie Besatzungsangehörige gerade die Lagune vom Motorboot aus bewunderten, drehte sich das Schiff endgültig riffwärts und war nicht mehr zu halten, weil der Heckanker über die Korallen schlierte. Obwohl der Motor sofort klar war, nützte er nichts mehr, denn schon saß der Kreuzer auf den Felsen und blieb, von der Brandung heftig erschüttert, dort liegen, wo Teile von ihm auch heute noch von Korallen festgehalten werden.

Luckner erklärt den Totalverlust so: »Morgens, gegen 09.30 Uhr, gerade im Begriff, das Beurlaubtenboot an Land zu schicken, sieht man am Horizont die Meeresoberfläche eigentümlich schwellen ... Es war eine Flutwelle, die durch ein Seebeben entstanden war ... Man begreift die Gefahr ... ›Motor klar!‹ sind die Kommandos. Schon dünt das Schiff in dem vorauseilenden Schwell, aber der Motor springt nicht an ... Hoch rast die Flut, packt unsere Planken, hebt sie empor und schleudert sie krachend auf das Riff ...«

Aber es war keine Tsunamiwoge, die als Ursache für das Unglück hätte herhalten können, sondern schlichte Nachlässigkeit des Schiffsführers, der gegen den Rat seines Offiziers gehandelt hatte. Das Kriegsglück, das ihm 250 Tage überaus hold schien, hatte sich nun gewendet und bereitete seinem Schiff ein nasses Grab. Viele Jahrzehnte sollte es ungestört zwischen Seeanemonen, Schwämmen und Korallen träumen.

Das Kreuz des Südens war inzwischen über die Palmen des Ostmotus geklettert, und die weiche Nachtbrise wehte aus der gleichen Richtung. Vom Dorf näherte sich ein Licht unserem Boot, und in seinem schwachen Schein erkannte ich bald unsere Lotsen. Sie brachten einen ganzen Eimer voll Langusten, die sie eben auf dem Riff gefangen hatten. Ob ich morgen mit zum Wrack kommen wollte?

Und ob ich wollte!

Als wir zwölf Stunden später bei herrlichem Wetter mit dem starken Boot der Insulaner durch den Paß jagten, deutete Daniel auf ein trokkengefallenes, von der Brandung zerfetztes Kalkplateau. »Ici bateau *Seeadler*!« Nur mit Mühe konnte ich in dem Wirrwarr von Gesteinsbrocken einige große, völlig vom Rost zerfressene Stahlplatten erkennen. Aber ein verkantetes Stück wies noch zwei runde Öffnungen auf, in denen früher wohl Bullaugen montiert gewesen waren. Jetzt wehte weißer Gischt darüber hin, und Fregattvögel stießen schreiend herab. Dahinter bogen Kokospalmen sich reihenweise im Wind. Warm und böig blies er über das weite Riffwatt und trug den uralten Geruch von Leben und Tod zu uns.

Wir verankerten das Boot knapp vor der Riffkante. Fragend sah ich nach achtern, wo Daniel schon im Begriff war, Schwimmflossen anzulegen. Grinsend machte er eine abwärts gerichtete Bewegung mit dem Daumen, die fatale Ähnlichkeit mit dem Todeszeichen der römischen Imperatoren hatte. Wir sollten also tauchen. »Wie tief?« wollte ich wissen, denn durch die fortwährende Wasserbewegung in der Brandungszone konnte man den Grund nicht sehen. Doch bevor ich eine Antwort erhielt, war Daniel bereits mit kühnem Sprung verschwunden. Felix, der zweite Mann, half mir beim Anlegen des Bleigürtels, machte aber selbst keine Anstalten, das Boot zu verlassen. »Zu viele Haie«, meinte er verlegen und deutete zum Riffrand. Jedes Mal, wenn die blaue Dünung sich zischend darüber schob, tauchten einige grauschwarze, sichelförmige Flossen auf.

Ich gab mir einen Ruck, nicht nur innerlich, sondern auch nach außenbords und hintenüber. Sofort packte mich der Schwell und trug mich gegen die Mauer aus Kalkgestein. Aber einige kräftige Beinschläge brachten mich aus ihrer Nähe und tiefer hinab, wo Daniel bereits an etwas Rundem zerrte. Gemeinsam versuchten wir, es aus der Umklammerung der Korallen zu befreien, und sofort erkannte ich, was es war: Wir hielten eine Kartusche der 10,5 cm-Munition des Kreuzers in Händen! So weit ich sehen konnte, war die hier nur leicht abfallende Riffflanke von diesen Messinghülsen übersät. Zwar waren fast alle durch die Wucht der Brandung mehr oder weniger verbogen oder zerdrückt, aber bei vielen konnte ich sogar noch die Prägung der Munitionsfabrik am Geschoßboden lesen.

Daniel schwamm zurück zum Boot, um Brechstange und Hammer zu holen, und ich dachte plötzlich wieder an die Haie. Tatsächlich strichen sechs bis acht Schwarzspitzenhaie neugierig durch die Klüfte des Riffs. Keiner von ihnen war länger als zwei Meter, daher stufte ich sie mit meinem Jahr Südsee-Erfahrung als ziemlich harmlos ein. Beruhigt stieg ich an die Wasseroberfläche, holte tief Luft und tauchte erneut hinab zu den bunten Farben und Formen der Korallen. Etwa zwanzig Meter entfernt senkte sich der Meeresboden steiler den blauen Tiefen zu, und dort entdeckte ich die teilweise zerstörte Ankerwinde der *Seeadler.* Zwischen zerborstenen Zahnrädern reckten sich rote Schwämme dem Licht entgegen, und unter einer Stahlplatte des Fundaments glotzte ein beachtlicher Wrackbarsch hervor.

Um mich herum brodelte das Wasser, Sandteilchen wirbelten im Rhythmus der Brandung. Immer wieder mußte ich mich an einem Korallenstock festhalten, wenn ein kräftigerer Roller mir das Gegenanschwimmen unmöglich machte. Daniel kam zurück. Ich nahm ihm die Brechstange ab, dann ließen wir uns hinabgleiten zu einem radähnlichen Gebilde, das in einer Felsspalte verkeilt war. Mit wenigen Hammerschlägen hatten wir es gelöst, dann schleppten wir das recht schwere Ding zum Boot. Felix zog es an Bord und begann sofort mit einer Drahtbürste an dem Bronzering herumzukratzen: er war völlig von Kalk überkrustet. Überrascht entzifferte ich die eingestanzten Zeichen: »1916, No 648, 10,5 cm PatrbM/91«. Gehörte unser Fund zu einem Transportbehälter für Geschützmunition, die im Jahre 1916 hergestellt worden war? Vielleicht diente er als sein Verschlußteil.

Wir rollten uns Zigaretten und begannen zu rauchen. Mittlerweile schleppte Daniel weitere Messingteile aus der Tiefe heran: Kugellager, Haltegriffe und noch mehr Kartuschen, aus deren Böden wir Aschenbecher herstellen wollten. Eilig entledigte er sich dann seiner Schwimmflossen und machte den Außenborder klar. »Wir müssen uns beeilen«, sagte er. »Die Strömung wird stärker.«

Tatsächlich sah der Paß jetzt um die Mittagszeit anders aus als noch vor zwei Stunden. Inzwischen war aus dem Riffkanal ein tobender Fluß geworden. Grellweiß leuchteten die Strudel im quirlenden Türkis des Lagunenwassers, das sich wieder nach draußen in den Ozean ergoß. Westlich vom seewärtigen Ende der Einfahrt, wo sich unser Boot in der Dünung hob und senkte, begann sich sogar ein Neerstrom bemerkbar zu machen. Immer weiter drehten wir uns um den Anker, bis wir schließlich fast parallel zum Riff lagen. Ob es so auch dem Schiff des Grafen ergangen war?

Wir holten den Anker ein, und dann wühlte sich der plumpe Bug durch die kurzen steilen Wellen des Passes. Gischt flog uns um die Ohren, das Dröhnen des Motors mischte sich mit dem Zischen und Gurgeln an der Bordwand. Abschiednehmend sah ich nochmals hinüber zum Grab des *Seeadlers*. Wie ein Denkmal stand dort die letzte verrostete Stahlplatte düster vor dem Graubraun der Korallen. Immer wieder sprühte Wasserstaub durch die alten Fensteröffnungen, und ab und zu begrub ein besonders hoher Roller alles unter sich.

Aotearoa – im Land der langen weißen Wolke

Morgens lösten sich die Schauerwolken der vergangenen Nacht in feine Schleier auf, und der schwache Ostwind schlief ganz ein. Gläsern hob und senkte sich die weite Wasserfläche in einer langen Dünung, die aus dem Südmeer heraufkam. Als ihre sanften Hügel und Täler sich wenig später im Licht des Sonnenaufgangs violett und schließlich dunkelblau färbten, sahen wir die Küste: einen dünnen, dunkelgrauen Strich, unscheinbar unter einer mächtigen Wolkenbank im Südwesten, die von weither zu kommen schien und bis in große Höhen ragte. Ihre Ränder leuchteten rosa wie bei anderen morgendlichen Hochseewolken, aber die grünblauen Schatten an der Unterseite reflektierten die Farben der Wiesen und Wälder eines fernen Landes: Aotearoa. So nannten es die ersten Maoris, die vor vielen hundert Jahren in ihren Kanus von der Inselwelt Polynesiens aufgebrochen waren: Neuseeland.

Aotearoa, das Land der langen weißen Wolke, begrüßte uns mit kühler, klarer Luft an einem prächtigen Frühlingstag im November und schickte uns zum Empfang die besten Flieger der Vogelwelt: Zwei Wanderalbatrosse hingen plötzlich vor unserem Klüverbaum zwischen Himmel, Wolke und Meer und umkreisten uns ohne einen einzigen Flügelschlag. Ihr Flug ist begeisternd; mühelos gleiten sie von Wellenberg zu Wellenberg, offenbar lange Zeit den Wellentälern folgend, und dabei immer dicht über der See. Dann ziehen sie jäh empor wie in einer Kunstflugfigur, wobei sie mit ihren riesigen Schwingen als dunkle Silhouette vor dem blauen Himmel schweben.

Mittags standen wir dicht vor der Bay of Islands, die von Osten her tief in die Flanken der Nordinsel einschneidet, und betrachteten die grünen Hügel, die dunklen Wälder und die weiß schäumende Brandung an den schwarzbraunen Klippen der Vorgebirge. Schon seit vielen Jahren waren wir neugierig auf dieses Land gewesen und hatten darüber Fakten und Daten gesammelt. So wußten wir, daß hier vieles anders war: daß Mond- und Sternbilder für uns auf dem Kopf stehen, daß die Sonne ganzjährig im Norden vorbeizieht und Weihnachten im Hochsommer, während der Haupturlaubszeit, gefeiert wird. Nord- und Südinsel sowie das Anhängsel Stewart Island bringen es auf 270000 Quadratkilometer Fläche. Damit sind sie genauso groß wie die Bundesrepublik – mit dem gewaltigen Unterschied, daß hier sechzig Millionen Menschen leben und dort nur deren drei. Allerdings gibt es im Land der Kiwis eine andere Bevölkerung, die zahlenmäßig ebenso-stark ist wie die unsere: die allgegenwärtigen Schafe! Ihr Fleisch und Fell stellen nach wie vor eine der Haupterwerbsquellen dar.

Was meinten wir sonst noch über Land und Leute zu wissen? Der Neuseeländer sei sehr britisch – hieß es –, noch angelsächsischer als die Engländer; das Arbeiten habe er nicht erfunden, und sein Kulturbedürfnis erschöpfe sich in Rugbyspiel und Kinobesuch. Die spärlichen Pubs schlössen schon um 22.00 Uhr. Die Industrie gelte als zurückgeblieben, und die wenigen Großstädte seien provinziell. Andererseits seien die Naturlandschaften wegen ihrer Schönheit zu rühmen, die Gastfreundschaft der Menschen wurde gelobt, und neuerdings erregte die politisch konsequente Haltung der kleinen Nation vielerorts Bewunderung.

Mit solcherlei Halbwissen nur mangelhaft ausgestattet, segelten wir mit einer frischen Brise in die weite Bucht, an deren Küsten kleine Ortschaften liegen, die Waitangi, Kerikeri, Paihia oder Russell heißen. Dabei begegneten uns viele Segel- und Motorboote, denn diese geschützten Gewässer zählen zu den bekanntesten Wassersport- und Feriengebieten des Landes.

Weiter landeinwärts rückten die Ufer dichter zusammen, und als wir den Kawakawa Inlet erreicht hatten, färbte das Nachmittagslicht sein Wasser purpurn. Goldene Sonnenstrahlen beleuchteten die Häuschen des kleinen Küstenorts Opua, wo *Atair* an der Innenseite einer langen hölzernen Pier festmachte. Zwischen ihren Pfählen lief die Ebbe geräuschvoll ab und entblößte weite Schlickbänke, aus denen uns längst vergessener Wattengeruch modrig in die Nasen stieg.

Aber auch andere erste Eindrücke erinnerten uns an das ferne Nordeuropa. Dunkelgrüne Kiefern standen auf niedrigen, sanft gewellten Hügeln, saftige Viehweiden wurden von knickähnlichen Hekken umschlossen, und alle Gebäude und viele Boote baute man aus Holz.

Bald begann es zu dämmern. Aber noch bevor die Nebel aus dem Wasser stiegen, kletterten zwei weißgekleidete Beamte über eine glitschige Leiter zu uns herab. Sie trugen die königlich neuseeländische Uniform der Zoll- und Einwanderungsbehörde, grüßten freundlich per Handschlag und erkundigten sich, ob wir eine gute Reise gehabt hätten. Trotz der merklichen Kühle, die von See hereinkam, meinten sie: »Schwüler Abend heute.« Dann öffnete der Herr vom Zoll seine Aktentasche und begann, uns mit Dokumenten, Formularen und Merkblättern amtlich zu begrüßen.

... wo sich Atair II *von dreieinhalb Jahren Seefahrt ausruhen konnte*

In den folgenden Monaten erlebten wir Neuseeland hautnah. Zunächst legten wir *Atair* an eine kräftige Muring, wo sie sich von den dreieinhalb Jahren Seefahrt ausruhen konnte. Dann kauften wir von Georg und Erna, einem deutschen Ehepaar, einen Minibus. Die beiden Bremer waren vor Jahren ebenfalls zu einer Segelreise um die Erde aufgebrochen, aber dann in Neuseeland hängengeblieben. Anfangs hatte Georg in Auckland seinen erlernten Schlachterberuf ausgeübt und mit dem Kleintransporter Wurstwaren ausgeliefert. Jetzt aber benützten *wir* dieses Fahrzeug mit der exotischen Aufschrift »Bremer Wurst« und fielen damit ziemlich auf. Ich parkte nur ein einziges Mal vor dem Postamt von Opua und ließ mir von der liebenswerten Postmeisterin unsere vielen Briefe aushändigen. Als ich beim nächsten Besuch im Ort an ihrer Glastür vorbeiging, lief sie mir rufend nach: »Wait, I got mail for you!« und winkte lachend mit einem Brief.

So klein war die Gemeinde, daß bald weitere Bekanntschaften folgten: mit dem Wahlkiwi George, der vor seinem hübschen Haus über der Bucht immer die Flagge seiner ehemaligen Heimat Kanada wehen ließ, oder mit Max und Trish aus Paihia, die uns großzügig bewirteten. Zusammen mit Jim vom Okiato Point und mit Walter aus Wien halfen wir dem Hamburger Lothar die Wände seines Holzhauses aufstellen.

Das dauerte nur wenige Stunden, und man brauchte dazu lediglich Hammer, Nägel, Brechstange, Augenmaß und das gute Steinlagerbier.

In kürzester Zeit fühlten wir uns heimisch in diesem weiten freien Land und begannen bald zu verstehen, warum so viele unserer Landsleute Deutschland verlassen wollen, um hier, am anderen Ende der Welt, neu zu beginnen. Denn Neuseeland hat ein großes Herz! Seine Menschen erlebten wir ausnahmslos offen, großzügig und interessiert an Fremden, ohne daß sie neugierig wirkten. Vielleicht kommt dieser Wesenszug daher, daß die Inseln so abgeschieden liegen und so dünn besiedelt sind.

Tatsächlich ist das Land im Süden und äußersten Norden nahezu ohne Bevölkerung, und die Natur prägt hier noch den Menschen – nicht umgekehrt wie bei uns. So war Umweltverschmutzung noch weitgehend ein Fremdwort. Bedenkenlos tranken wir Flußwasser, das unkanalisiert mal durch enge Schluchten schoß, mal weite Schotterebenen durchquerte. Die Luft war rein und klar und erlaubte Fernsicht über unglaubliche Distanzen.

Es gibt Wälder, die noch nie betreten wurden und die unentdeckte Tier- und Pflanzenarten beherbergen.

Dabei schätzen die Neuseeländer glücklicherweise sehr ihre großartige Natur. In den letzten hundert Jahren wurden zehn Nationalparks geschaffen, die zwei Millionen Hektar umfassen, drei große Meeresschutzgebiete und zahlreiche andere öffentliche Reservate. Der Staat hat auf die Nutzung von Kernenergie verzichtet und sieht sich spätestens seit der Tschernobyl-Katastrophe in seiner Entscheidung bestätigt, alternative Ressourcen zu erschließen und weiterzuentwickeln. Wasserkraft, Erdwärme und Erdgas decken zu über sechzig Prozent den Energiebedarf des Landes: ein beneidenswertes Beispiel dafür, daß es auch anders geht.

Und auch anderswo schlägt Neuseeland selbstbewußt eigene Wege ein, in der Außenpolitik zum Beispiel. Seit Jahren verbietet das kleine Land allen Schiffen die Einreise, die nuklear angetrieben werden oder Kernwaffen an Bord haben. Dies führte natürlich zu einer deutlichen Abkühlung der Beziehungen mit den USA und bekam sicherlich auch dem Hammelfleischexport in die Staaten nicht sonderlich gut. Aber die Bewunderung all jener ist dem Land der Kiwis sicher, die selbst mit ohnmächtigem Zorn ertragen müssen, wie opportunistisch sich die Regierungen ihrer eigenen reichen Länder den Supermächten gegenüber verhalten. Mit solcher Zivilcourage auf der Habenseite fällt es

Neuseeland: Milfordsound im Fjordland der Südinsel

kaum noch ins Gewicht, daß die Spielpläne der neuseeländischen Theater und Konzertsäle nicht dem europäischen Standard entsprechen.

Oft werden wir seit unserer Rückkehr gefragt, wo es uns während der langen Reise am besten gefallen habe, und immer antworten wir ohne zu zögern: »In Neuseeland.«

Warum?

Einige Gründe wurden bereits erwähnt, aber was dieses Land für uns besonders faszinierend machte, war sein Kontrastreichtum. Stellen Sie sich vor, Sie fahren von Kiel nach Hamburg. Dabei durchquert man bekanntlich drei voneinander nicht allzu sehr abweichende Landschaftsformen. Eine ähnlich lange Strecke auf der neuseeländischen Südinsel kann jedoch folgende Kontraste bieten: Küstenebene mit Brandungszone, Hartlaubgewächse, steppenähnliche Leeregion mit Tussockgräsern, tiefe Flußcanyons, steile Berghänge mit Paßstraßen und alpine Regionen. Plötzlich steht die Kette der schneebedeckten Südalpen vor dem Fahrer, und wenige Kilometer weiter spiegelt ein ruhiger Bergsee ihre Gipfel. Herbstlaub weht über die Straße, und ein Schild verkündet: »Arrowtown 6 km, Goldgräbersiedlung.«

Oder Invercargill, wie am Ende der Welt gelegen: kalt, windumtost, eintöniges Stadtbild inmitten von Flußwatten. »Es gibt heute nur drei Fischsorten«, sagte die Maorifrau im Fischladen. »Die Fischereiflotte liegt draußen und kommt wegen des Seegangs nicht über die Barre.«

Etwas weiter landeinwärts ist das Land von der Sonne verbrannt. Der Wagen zieht auf der Schotterstraße lange Staubwolken hinter sich her. In Cardrona steht ein Hotel im Westernstil, mit falschen hölzernen Fassaden und erhöhtem Gehsteig. Schafherden halten den Verkehr auf, der seit einem halben Tag nur aus unserem Minibus besteht. Schäferhunde bellen, Pfeifen zirpen, irgendwo raucht ein Waldbrand. Und wieder etwas weiter dampft dichter Dschungel vor Feuchtigkeit.

Auf der Nordinsel prägen vulkanische Aktivitäten das Land. Aus einer Hochebene, die im Winter ein Skiparadies ist, ragen drei mächtige, noch tätige Vulkane empor. Der höchste, Ruahepu, ist auch im Sommer mit Firnfeldern bedeckt. Oft steht über dem Ngauruhoe, seinem östlichen Nachbarn, eine Rauchwolke. Bei Rotorua zischt Dampf aus der Erde, in Solfataren und Fumarolen brodelt schwefliger Schlamm, und heiße Quellen sind weit verbreitet.

Dann sind da die riesigen Kauriwälder mit ihren mächtigen, urweltlichen Bäumen wie dem Tane Mahuta, dem »Gott des Waldes«. Oder die hohen Wanderdünen am Ninety Miles Beach, der zwar nur achtzig

Kilometer lang ist, aber wer wird bei der Großartigkeit dieser Natur schon kleinlich sein?

In Oban auf der Stewart-Insel steht das urige South Sea Hotel und erhebt den Anspruch »The Southernmost Hotel in the World« zu sein. Ganz sicher gibt's auch im viel südlicheren Puntas Arenas oder in Ushuaia ein solches Gästehaus. Aber inzwischen tut es uns leid, daß wir die nette Dame des Hauses auf die südamerikanische Konkurrenz aufmerksam gemacht haben. Sie sind eben so stolz auf ihre Heimat, diese sympathischen Kiwis, daß sie gern Superlative verwenden. Und sie haben Grund für ihren Stolz. Auch für uns ist Neuseeland »das schönste Ende der Welt«.

Palmherzensalat

Für diese Delikatesse, die auch Millionärsalat genannt wird, muß eine Kokospalme sterben, denn man entfernt dazu ihr »Herz«; also den Trieb oder Schößling knapp unterhalb der Stelle, wo die Palmwedel aus ihrer Basthülle austreten. Das ist nur dann kein Frevel, wenn vom Sturm entwurzelte Bäume gefunden werden, die sowieso keine Überlebenschance mehr haben.

Auf manchen Inseln werden aber spezielle Palmenhaine unterhalten, die ausschließlich zur Gewinnung dieses teuren Gemüses dienen; in der tahitianischen Sprache heißt es »Moko moko«. Mit Axt und Machete köpft man die Palme an der beschriebenen Stelle. Je nach Größe des Baumes schneidet man dann 40 bis 80 Zentimeter weiter unterhalb ein Stück des Stammes ab und hackt es der Länge nach auf. Es ist eine recht beschwerliche Arbeit, aber das schließlich freigelegte, strangartige »Herz« lohnt die Mühe. Wie Elfenbein sieht es aus, ist von blättriger Struktur und schmeckt schon an Ort und Stelle gegessen unvergleichlich! In feine Scheiben oder Stückchen geschnitten, mit Limonensaft, Zucker und Mayonnaise angemacht, ist dieser Salat eine wahre Götterspeise.

Hinter dem Großen Barriere-Riff

Am frühen Nachmittag kam Australien in Sicht: niedrige, braungraue Hügelketten ohne besondere Landmarken. Diese eintönige Küste über sonnenglitzerndem Wasser war unser erster Blick auf den fünften Kontinent, und je näher wir kamen, desto mehr verstärkte sich der Eindruck von Reizlosigkeit und Öde.

Hinter uns lag die Südsee mit ihrem Frohsinn, ihren heiteren Menschen und großartigen Landschaften, aber voraus wußten wir die Korallenbarriere, die uns bald von all dem trennen würde. Vielleicht machte uns diese betrübliche Vorstellung etwas voreingenommen gegen unser neues Reiseziel, aber wie so oft bestätigte sich später auch hier der erste Eindruck.

Abends sah ich recht voraus einen rostigen Gitterturm im Doppelglas, unsere Ansteuerungsmarke für die Passage durch das weit vor der australischen Küste liegende Barriere-Riff. Bei Sonnenuntergang hatten wir ihn passiert und segelten in die ruhigeren Gewässer hinter dem gewaltigen Korallenwall.

Der Wind hauchte nur noch von den Hügeln herab, die dunkel und abweisend vor dem roten Abendhimmel standen. Warm und trocken umfächelte uns die Luft und ließ an ihrem Ursprung keinen Zweifel: Von den ausgedörrten Hochebenen im Inneren des Landes war sie tagsüber zu dem glühenden Himmel emporgestiegen, der sie nun wieder entließ und seewärts schickte.

Wie immer in den Tropen kam die Dunkelheit fast schlagartig, und über dem Großen Ozean im Osten begann sich die uns schon wohlbekannte Sternenpracht zu entfalten. Leuchtfeuer blitzten weiß, grün und rot von Riffen, Inseln und Hügeln und wiesen uns den Weg zwischen Untiefen zum Hafen von Cairns. Diese Stadt ist die Metropole von Nordqueensland und mit ihren 50000 Einwohnern ziemlich der letzte Außenposten der Zivilisation, denn nur wenige Meilen weiter nördlich beginnen die wüsten, menschenarmen Landstriche der York-Halbinsel.

Kurz nach Mitternacht rasselte unsere Ankerkette über die Winsch, und wenig später lagen wir in tiefem Schlaf. Motorgedröhn und lautes Geschrei weckten mich früh. Ein weißes Motorboot mit weiß uniformierten Beamten lag neben uns und dümpelte im leichten Schwell der ersten Seebrise. Ungeduld stand auf den schwitzenden Gesichtern, und ohne zu fragen verschaffte sich die Bürokratie Einlaß mit unglaublich viel Papier und überaus forschem Auftreten. Drei Mann breiteten auf unserem Messetisch Aktenordner, Informationsschreiben und Formulare aus. Eine gute Stunde hatte ich damit zu tun, während der Gesundheitsbeamte unseren Proviant durchsuchte. Vieles mißfiel ihm. So hatten wir doch tatsächlich Fleisch- und Wurstkonserven mitgebracht. Auf meine Frage, ob er denn glaube, daß man sich auf See nur von Reis und Milchsuppe ernähre, schüttelte er unwillig den Kopf: »Tz, tz, auch die müßten Sie eigentlich abliefern. Aber ich will mal nicht so sein. Nur Corned-beef und diese Würstchen sind beschlagnahmt!« Für viel Geld hatten wir in Neuseeland echte deutsche Bockwürste gekauft und unterwegs immer gezögert, eine der kostbaren Dosen zu öffnen. Das hatten wir nun von unserer Sparsamkeit!

Verärgert schob ich dem Beamten von der Einwanderungsbehörde unsere Pässe hin. Nach langem Blättern vor- und rückwärts hob er bedeutsam die Augenbrauen: »No visas?«

»Davon ist mir nichts bekannt«, entgegnete ich. »Wir dachten, für Deutsche besteht kein Visazwang.«

Die drei sahen mich an und schüttelten wieder die Köpfe. »Schiffsführer brauchen tatsächlich keins, aber Passagiere schon!« Der Grenzer deutete anklagend auf Bärbel. »Sie bekommt nur eine Aufenthaltserlaubnis für drei Tage, danach ist ein Visum fällig.«

Meine Frau ein Passagier? Unerhört! »Wer, glaubt ihr, kocht auf See und im Hafen, wer putzt, wäscht ab, setzt Segel und hält Wache, Tag um Tag, Woche für Woche – schon jahrelang?« fragte ich. »Den Passagier möchte ich sehen, der sich darauf einläßt!«

Gleichgültig zuckten die goldbetreßten Schultern. »So lautet die Vorschrift, ihr seid jetzt in Australien.«

»Ja, das hab' ich gemerkt«, sagte ich und begleitete die Besucher nach oben. Das Motorboot bumste uns noch einmal kräftig gegen die Seite, die Herren reichten ihre Aktenkoffer hinüber und sprangen geschwind an Deck. Dann röhrten die Diesel auf, und mit gewaltigem Schwell preschten die Behördenvertreter davon. Sicherlich waren sie wegen dringlicher Dienstgeschäfte sehr in Eile, aber bei uns warfen sie damit die Tassen vom Tisch.

Stunden später zogen wir beim Yachtklub unser Schlauchboot auf den Strand, und ich freute mich auf das erste kühle Bier seit vier Wochen. In der Bar dröhnten Reklamespots aus einem riesigen Fernseher hoch oben an einer olivgrünen Wand. Billardkugeln klickten, ein Ventilator surrte an der Decke, und am Tresen schrien sich Angetrunkene die Kehle heiser.

Abschied von den Atollen der Südsee

Es war so heiß, daß mir das frische Hemd am Körper klebte, und von der offenen Veranda her zogen die Hitzeschwaden durch den Raum. Eine kleine blonde Kellnerin eilte gummikauend an der Theke auf und ab. Wenn sie nicht gerade Gläser spülte, Bier einschenkte oder nach Wechselgeld suchte, schob sie ständig Haarsträhnen in ihre Hochfrisur zurück.

In einer Gefechtspause kam sie bei mir vorbei. »Four X or Foster?«

Aber eine Antwort war unnötig, denn sie legte schon den Hebel an der Foster-Zapfsäule um. Offenbar ähnelte ich keinem ihrer Four-X-Kunden. Sekunden später stand vor mir ein halber Liter einer hellbraunen Flüssigkeit, die nur entfernt nach Bier aussah. Zufälligerweise hatte ich das passende Kleingeld parat und gab es ihr. »Good on you, mate!« Sie lächelte mich an und verschwand nach links, wo gerade mehrere Gläser klirrend zu Bruch gegangen waren. Dort wollten sich Leute, die so aussahen, als seien sie soeben von einer wochenlangen Krokodiljagd zurückgekehrt, ausschütten vor Lachen, denn einer von ihnen war vom Hocker gefallen und grabschte zwischen Glassplittern und nassen Bierfilzen nach seiner Brille.

Trotz der tollen Stimmung grübelte ich still darüber nach, was wohl »good on you« bedeutet hatte. Ich deutete es schließlich als Anerkennung und lag damit vielleicht richtiger als ein anderer deutscher Segler, der sich tagelang gewundert hatte, daß man dauernd »good onion« – gute Zwiebel – zu ihm sagte. Ich sollte noch lernen, daß diese Redensart für Australien genauso typisch ist wie seine Koalabären und Känguruhs. Das Bier war ohne jeden Schaum, eiskalt und stark. Ich ahnte schon, daß es ebenfalls typisch für dieses Land sein würde: kompromißlos, kraftvoll und alles Subtile verachtend.

Tag um Tag jagten wir vor einem starken Südost die Küste entlang. An Steuerbord lag immer das Große Barriere-Riff, an Backbord der fünfte Kontinent. Vom Riff selbst sahen wir nur wenig. Großenteils blieb es unter Wasser verborgen und war damit nicht ungefährlich. Keineswegs darf man sich diesen Korallenriegel als zusammenhängende, massive Mauer vorstellen. Vielmehr erstrecken sich von der Torresstraße im Norden über mehr als tausend Seemeilen bis Rockhampton im Süden unzählige Einzelriffe und Inselchen in lose zusammenhängender Kette. Dazwischen gibt es immer wieder Durchlässe in den Pazifik, die allerdings selten bezeichnet sind, so daß wie schon zu Cooks Zeiten ein Durchsegeln dieser Pässe riskant ist.

Die Fahrt in den Riffgewässern war anstrengend: Noch vor Tagesanbruch standen wir auf: Kaffee trinken und dann gleich den Anker hoch! Häufig waren die Liegeplätze unruhig, und ungestörte Nächte waren selten. Meist setzten wir müde und zerschlagen Segel und preschten vor dem steifen Wind durch trübes grünes Wasser an wilden, ausgeglühten Kaps vorbei. *Atair* flog zwischen winzigen Eilanden hindurch mit einer Crew, die immer konzentriert mit Navigation beschäftigt war.

Über hohe Huks pfiff manchmal der Passat mit Sturmstärke; bei Cape Flattery maßen wir sechzig Knoten und waren froh, als wir in seinem dürftigen Schutz kurz vor Sonnenuntergang erneut vor Anker lagen. Auf Lizard Island kletterten wir zum Lookout Point hinauf, wo damals Captain James Cook verzweifelt nach einer Durchfahrt für seine *Endeavour* gesucht hatte. Immer mehr bewunderte ich inzwischen diesen großartigen Seemann und Navigator, der diese schwierigen Gewässer von Sydney bis zur Arafura-See befahren hatte, für die es zu seiner Zeit ja keine Seekarten gab; auch heutige Karten beruhen immer noch auf seinen Vermessungen.

Sein Schiff war schwerfällig, schlecht beweglich und in diesen engen Gewässern sicherlich ein Alptraum. Dennoch lotste er es unter unsäglichen Mühen und Sorgen hierher. Vielleicht gab es gar keinen Durchlaß in die Freiheit der hohen See? Was dann? Tatsächlich überlegte er ernsthaft, ob er die ganze Strecke gegen den starken Wind zurückkreuzen sollte. Am Ende aber hatte sich seine Ausdauer doch gelohnt. Vom selben Gipfel, auf dem wir jetzt standen, entdeckte er die ersehnte Lücke. Aber nur wenige Tage danach war er gezwungen, erneut hinter die Riffe zu gehen, denn Wind und Strömung ließen ihn nicht von der gefährlichen Hinderniskette freikommen. Und so blieb ihm nichts anderes übrig als das, was auch wir wollten: den Indischen Ozean nicht durch die Torresstraße zu erreichen, sondern entlang der australischen Küste.

Noch viele Ankerplätze besuchten wir dabei. Manche waren auch ruhig und einladend wie der im Owen Channel in der Flinders-Gruppe oder hinter Night Island dicht vor der Festlandsküste, wo nachts ein Krokodil an unserem Rumpf entlangscheuerte. Doch meist boten die armseligen Haufen aus Sand und Korallenschutt, mit verkrüppeltem Buschwerk spärlich besetzt, praktisch keinen Schutz vor dem starken Wind. Mitte Juli rissen wir bei Bushy Islet, wieder solch einem Alptraum, schließlich den Anker aus den Korallen und starteten zur letzten Tagesetappe nach Norden, die uns flottes Segeln durch immer enger werdende Riffkanäle brachte. Mit kräftiger Stromunterstützung –

die Wassermassen werden hier immer stärker gebündelt – jagten wir an Baken vorbei, die gischtübersprüht einsam auf rotbraunen Korallenfelsen standen.

Im Rauch der häufigen Buschbrände lag das flache Land der York-Halbinsel wie seit Wochen an Backbord. Aber gegen Abend hatten wir die Blackwood Bay bei Adolphus Island erreicht, und die australische Küste war nach Westen zurückgewichen. Den wohlverdienten Sundowner tranken wir mit Blick auf rotgoldene Termitenburgen, die über sattgrünen Mangroven im Licht des Sonnenuntergangs glühten. Blauviolett lag die Küste des Kontinents im Süden, wo der Blitz des Leuchtfeuers auf Cape York den nördlichsten Punkt Australiens markierte. Der Weg nach Westen war wieder frei.

Kokosnußbier

Wer auf einsamen Südseeatollen alkoholische Getränke vermißt, braucht auf sie nicht zu verzichten. Michelle, Tao und Daniel Tahiarii brauten auf Mopelia ein wohlschmeckendes Bier, dessen Wirkung allerdings außer Kontrolle geraten kann.

Zutaten: Saft von fünfzehn Kokosnüssen (Trinknüssen), ein Kilogramm Zucker, vier Eßlöffel Trockenhefe.

Zubereitung: Man läßt den Saft zusammen mit Zucker und Hefe etwa drei bis vier Tage gären.
Vorsicht: Das Getränk ist sehr stark, obwohl es süffig schmeckt!

Über den Indischen Ozean

Tagebuchnotiz vom 12. September 1985: »Am zweiten Tag nach dem Verlassen von Cocos-Keeling ist alles grau in grau, Dauerregen. Starkwind um sieben Beaufort aus Ostsüdost, glücklicherweise also aus der passenden Richtung. Laufen unter Passatsegeln hohe Fahrt. Etmal 160 sm. Keine Sonne, keine Sterne, nur Koppeln ist möglich. Nördlich von uns liegt ein Tief von 1006 Millibar, das ich zu den Mallungen rechne, die dieses Jahr schon zu weit südlich sind. Unter Deck ist's feucht und klamm. Der Wind drückt die Nässe durch den Spalt zwischen den beiden Steckschotts. Sitzen in den Polsterecken verkeilt und lesen oder schlafen...«

Über acht Tage blieben die Bedingungen derart unerfreulich. Ohne Unterlaß wälzten sich grauweiße Wogen heran und bildeten zusammen mit der hohen südlichen Dünung eine steile, fortwährend brechende Kreuzsee. Ihr ständiges Rauschen ergab den akustischen Hintergrund für eine Vielzahl anderer Geräusche: Tölpel segelten neben uns her und ließen hin und wieder ihr heiseres Krächzen ertönen. Dann fegte prasselnder Gischt übers Deck und wurde wieder abgewaschen von einer heulenden Regenbö. Gurgelnd schossen die Wassermassen durch die Speigatten, und während der Schauer abzog, pfiff der Wind vielstimmig in der Takelage. Wanten summten, Nylonfallen klapperten am Mast, und in der Düse zwischen den beiden Passatsegeln fauchte es wild. »Klack, klack«, machte die Windfahnensteuerung, während ihr steil aufgerichtetes Sperrholzblatt nervös auf Wind- und Kursänderungen reagierte. Bei jeder Bewegung quietschte das Ölzeug vor Nässe und knatterte in der steifen Brise. Oh, wie ich diese Bekleidung haßte!

Voraus stand die schwarze Wolkenwand, und von achtern näherte sich schon die nächste. Drohend sahen diese Ungetüme aus: ein schwach gebogener Böenkragen jagte dicht über der Wasseroberfläche heran. Sein Gewölk krümmte sich wie Finger hinab zur See, und nach oben wölbten sich grauschwarze Schleier, als ob ein Untier die Zähne fletschte. Dann war es über uns, und wieder entluden sich sintflutartige Regenfälle. Nur ganz kurz flaute der Wind ab, um dann um so heftiger wieder einzusetzen. Giftgrün leuchtete das Wasser auf, und schnellaufende Schaumkronen bildeten sich auf dem alten Seegang, der vom vorauseilenden Wolkenbruch vorübergehend geglättet worden war.

»Sauwetter!« murmelte ich zum x-ten Male und schüttelte die Nässe von der Öljacke, bevor ich hastig das Schiebeluk öffnete. Die Stufen des Niedergangs nahm ich mit zwei großen Sprüngen und schloß schnell wieder den Einstieg – wie in einem U-Boot, das auf Tiefe geht.

Trotz aller Sorgfalt brachten wir aber jedesmal viel Wasser mit nach unten, und überall lagen Tücher auf dem Fußboden, um die Feuchtigkeit aufzusaugen. Nachdem ich mich abgetrocknet hatte, setzte ich mich Bärbel gegenüber. Sie legte einen Krimi zur Seite und sah mich fragend an. »Wie gehabt«, sagte ich. »Und es sieht überhaupt nicht nach Wetterbesserung aus. Das Barometer steht mit 1008 Millibar viel zu niedrig für diese Gegend und Jahreszeit. Wenn sich da nur nichts zusammenbraut.«

Tatsächlich machte ich mir Sorgen, denn unser nächstes Ziel lag nur noch zweihundert Seemeilen entfernt und wäre schon bei einigermaßen gutem Wetter nicht gerade einfach anzusteuern gewesen: das Salomon-Atoll im Chagos-Archipel. Es liegt nördlich einer großen Korallenbank und ist von Unterwasserriffen umgeben. Also mußten wir unbedingt einen genauen Schiffsort erhalten, bevor wir uns der Insel nähern konnten. Leider verhinderte aber die seit Tagen herrschende Bewölkung jede Gestirnsbeobachtung. Der Barograph schrieb weiterhin eine fallende Kurve, die kaum noch die Tagesschwankungen aufwies, die für tropische Breiten so typisch sind. Ein schlechtes Zeichen.

In der wirbelsturmgefährdeten Regenzeit, die im Indischen Ozean von Ende Oktober bis in den Mai hineinreicht, wären diese Luftdruckwerte zusammen mit dem schlechten Wetter ein mögliches Indiz für das Nahen eines Zyklons gewesen, aber wir hatten schließlich erst den 21. September. Also kein Grund zur Aufregung, sagte ich mir, zog die klamme Öljacke an und kletterte wieder an Deck für einen neuen Rundblick.

Stunden später war es dunkel. Die Nacht hielt uns pechschwarz und schwer gefangen, hatte alle Grenzen ausgelöscht. Wie der Fliegende Holländer segelte *Atair*, was das Zeug hielt, und dennoch hatte es den Anschein, als bewegten wir uns nicht von der Stelle. Erst der Strahl der Taschenlampe enthüllte das schäumende Kielwasser. Im Nordosten flackerte weit entferntes Wetterleuchten, der Regen hatte aufgehört. Ich ließ das Luk offen, um das Schiff endlich wieder durchzulüften, und setzte mich vor den Kurzwellenempfänger. Es war Zeit für den Wetterbericht von Radio Mauritius. Die Station sendete ihren Ozeanreport wie weltweit fast alle Funkstellen im Morsecode als verschlüsselte Analyse, und daher nahm die anschließende Auswertung einige Zeit in Anspruch, denn erst aus Zahlengruppen entstand nach und nach eine Wetterkarte, die ich in den Vordruck einzeichnete.

Schon beim Aufnehmen und hastigen Niederschreiben hatte ich an einer Stelle gestutzt und war plötzlich wie vom Donner gerührt, als sich die Ziffernfolge 89004 als tropischer Wirbelsturm entpuppte! Mauritius meldete ihn auf 10 Grad Süd und 78 Grad Ost. Wir standen gegenwärtig knapp zwei Grad nördlicher und nur vier Grad westlicher als der Zyklon. Jetzt wunderte mich das gräßliche Wetter der letzten Tage nicht mehr. Offenbar waren wir die ganze Zeit im Entstehungsgebiet der Depression gesegelt! Weiteren Informationen zufolge bewegte sie sich mit sieben Knoten nach Westen. Ihr Sturmfeld hatte einen Radius von 150 Seemeilen und würde uns erwischen, wenn wir nicht so schnell wie möglich auswichen.

Aber was konnten wir tun?

Im Norden und Nordwesten lagen die Chagos-Atolle – schreckliche Fallen in einer solchen Situation. Nach Süden zu gehen war unmöglich, weil wir auf jeden Fall vermeiden mußten, die Sturmbahn zu kreuzen. Also blieb nur eines übrig: unseren Westnordwestkurs zu halten, um auf der Nordseite des Zyklons zu bleiben. Auch mußte die Geschwindigkeit erhöht werden, denn auf diesem Kurs würden wir in wenigen Stunden in gefährliche Nähe der Großen Chagos-Bank kommen. Erst westlich von ihr waren wir wieder frei von allen Untiefen und auf tiefem Wasser; dann konnten wir nach Norden abdrehen, falls nötig. Je näher wir an den Äquator herankamen, um so besser. Schließlich hat das dortige Fehlen der Corioliskraft auf Wirbelstürme dieselbe Wirkung wie das Kreuz auf Vampire: Sie können nicht existieren, brechen in sich zusammen und verlieren alle Kraft.

So weit die Theorie. Nun galt es, sie in die Praxis umzusetzen. Ich weckte Bärbel, erklärte ihr die Lage und wunderte mich sehr, als ihr Kommentar nur aus einem einzigen Wort bestand: »Scheiße!«

Als wir wenig später beide Passatsegel durch die Normalbesegelung ersetzt und zusätzlich die Maschine gestartet hatten, ging *Atair* auf Höchstfahrt. Über acht Knoten zeigte das Log, und somit waren wir etwas schneller als die Zuggeschwindigkeit des Sturms, dessen großräumiges Strömungsfeld inzwischen dafür gesorgt hatte, daß der Wind aus Südsüdost kam. Der Segelwechsel wäre also sowieso fällig gewesen. Bange Stunden folgten. Würden wir es schaffen, rechtzeitig am Südende des flachen Schelfs vorbeizukommen? Behielt das Tief seinen bisherigen Kurs bei?

Als der neue Tag anbrach, hatte sich das Wetter verändert. Hinter uns und im Süden war der Himmel zwar immer noch pechschwarz, aber im Nordwesten hing nur noch hohe graue Stratusbewölkung über der bewegten See, und genau voraus blinkte für wenige Minuten sogar strahlendes Himmelblau. Immer weiter drehte der Wind. Etwas schwächer wehte er jetzt genau aus Süd, erreichte aber in Böen noch Stärke sieben.

Wegen der oft beträchtlichen Schräglage stoppte ich die Maschine und freute mich sehr, als plötzlich ein Sonnenstrahl durch den Niedergang huschte, während ich die Tür zum Motorraum schloß. Schnell hatte ich den Sextanten klargemacht, Bärbel bediente die Stoppuhr, und mit großem Glück hatten wir eine knappe Minute später eine Sonnenhöhe. Die so gewonnene Standlinie verlief beinahe senkrecht zu unserem Kurs genau durch das Südende des Korallenplateaus, das es für uns zu umfahren galt. Wir standen also weiter westlich, als das Koppelbesteck angab, und mir fiel ein Stein vom Herzen.

Ein weiterer, noch größerer folgte, als am späten Vormittag der nächste Wetterbericht meldete, daß der Sturmwirbel nach Südwesten abgebogen und langsamer geworden war. Deshalb tat es uns auch

Unter Doppelfock im Passat

nicht mehr allzu leid, auf den Besuch des unbewohnten Salomon-Atolls zu verzichten. Schließlich waren wir einer Naturerscheinung sozusagen »von der Schippe gesprungen«, die jeder Seemann fürchtet, besonders wenn dabei in Lee Gefahren drohen. Und wieder einmal hatte sich gezeigt, daß Statistiken nur sehr beschränkten Wert besitzen, denn in den meisten Veröffentlichungen gilt der südliche Teil des Indischen Ozeans im September als so gut wie wirbelsturmfrei. Die Ausnahme zog nun in Richtung Madagaskar, und wir bereiteten uns innerlich auf weitere 1200 Seemeilen vor.

Tage später hatte uns der inzwischen wieder normale Passat weit vorangebracht. Mit Unterstützung des Südäquatorialstroms erzielten wir Etmale, die sich sehen lassen konnten: 153, 173, 166 und 158 Seemeilen in Folge. Als sich am Tag vor unserem Landfall mittags nur 126 Meilen ergaben, kam es uns vor, als trödelten wir.

Leider blieb das Wetter insgesamt unfreundlich. Der Indische Ozean machte seinem Ruf alle Ehre. Obwohl er das kleinste aller Weltmeere ist, trägt er doch den Beinamen »der Patriarch«. Er ist nicht nur Herrscher und Gebieter in seinem Machtbereich, sondern benimmt sich meist wie ein Tyrann. Nur hin und wieder zeigt er sich gnädig und ganz selten von solcher Sanftheit, wie sie für seinen göttlichen Vetter, den Pazifik, beinahe sprichwörtlich ist.

Weiter schoben uns der starke Wind und die kräftige Strömung. Blaugrau lief die See unter dem stark bewölkten Himmel, aus dem immer wieder starke Schauer fielen. Um Mitternacht des 5. Oktober lag das südlichste Atoll der Seychellen noch sechzig Seemeilen vor unserem Bug, und wieder einmal legte der Wind gehörig zu. Ein Reff im Großsegel und der kleine Klüver vor der Fock waren bei solchem Wetter die richtige Besegelung. Leicht würden wir so gegen Mittag bei günstigem Licht die Riffe von Farquhar erreichen. Diese und ähnliche Gedanken gingen mir durch den Kopf, als plötzlich ein lauter Knall das Boot erzittern ließ.

Bärbel schreckte hoch, ich eilte nach oben. In der völligen Dunkelheit erkannte ich zunächst gar nichts. Leichter Regen sprühte mir ins Gesicht, und der Wind blies böig wie gewohnt aus Südsüdost. Als sich meine Augen an die Finsternis adaptiert hatten, sah ich die Bescherung.

»Schnell, mach die Salingbeleuchtung an und komm an Deck!« rief ich. »Das Luvbackstag ist gebrochen.« Es hatte sich schon um die Dirk und andere Leinen gewickelt, und der Mast bog sich gefährlich nach vorn.

Geknickte Palmen auf Farquhar: Nicht umsonst trägt der Indische Ozean den Beinamen »der Patriarch«

Zügig bargen wir bei strömendem Regen die Segel, nur die Fock ließen wir stehen. So blieb Ruder im Schiff. Mehrere Versuche, in den Mast zu klettern, mußte ich wegen der starken Rollbewegung aufgeben, und erst nach mancherlei Anstrengung gelang es uns, das Drahtseil zu befreien und an Deck zu sichern. Zischend liefen die Seen aus der Nacht heran und schäumten grellweiß im Schein der Salingleuchten, wenn sie sich neben der Bordwand brachen. Wegen der heftigen Bewegungen dauerte die behelfsmäßige Reparatur lange. Wirbelschäkel und ein Lasthaken ersetzten schließlich die gebrochene Verbindung, aber als die Segel endlich wieder standen, hatten wir viel Zeit verloren, die uns bald fehlen würde. Wir waren sehr müde.

Bei Sonnenaufgang, der in einen trüben, verregneten Morgen überging, lagen noch dreißig Meilen zwischen uns und dem Atoll. Zu allem Überfluß flaute der Wind ab und drehte in den Schauern hin und her. Die Sicht war miserabel, und wir starrten uns die Augen aus dem Kopf, bis Bärbel am frühen Nachmittag zufällig ganz schwache Konturen erkannte. Graugrüne Kasuarinen wuchsen in einer langen Reihe scheinbar aus dem Meer. Regenwolken darüber, Regenwände davor. Kurz bevor die Bäume wieder im Wasserdunst verschwanden, nahm ich eine Peilung, und wir gingen auf den anderen Bug, um entlang der Hauptinsel zur Nordseite des Atolls zu segeln, wo der Paß zur Lagune liegt.

Als wir bei immer schwächer werdendem Wind dort ankamen, war es zu spät. Die Ebbe hatte bereits eingesetzt, und obwohl sich das Wetter verblüffend schnell gebessert hatte, reichte das Licht der untergehenden Sonne nicht mehr aus, die vielen Untiefen und Korallenstöcke im Paß zu identifizieren. Wir mußten draußen bleiben. Doch wir entschlossen uns, so dicht wie möglich unter Land zu ankern.

Nur im Südosten bot die kleine Nordinsel des Atolls mit einem weit ausholenden Riff Schutz vor dem hohen Seegang. Sonst umgab uns nichts als freie See, aber zum Glück blieb unser offener Ankerplatz erstaunlich ruhig. Nur eine leichte Dünung lief von draußen herein. Die Kasuarinen und Palmen waren so nah, daß wir ihr Rauschen hörten, und Frauengelächter und Kindergeschrei wehte vorbei. Aber keine Menschenseele war am Strand zu sehen. Bald färbte sich das Wasser violett, das Grün der Bäume wurde schwarz, und ich sah zu, wie die ersten Sterne zu leuchten begannen. Nach zwanzig Tagen Seefahrt lagen 2300 anstrengende Seemeilen hinter uns, und als ob der Patriarch uns zeigen wollte, daß wir vor ihm bestanden hatten, schickte er uns eine friedliche Nacht.

Fischfangmethoden

Mit Leine und Haken (Schleppangel)

Vom fahrenden Boot (Mindestgeschwindigkeit drei bis vier Knoten) wird eine Schnur mit einer Bruchlast von ca. 50 kg und einer Länge nicht unter 150 m ausgelegt. Der starke, etwa 40 mm lange Rundbogenhaken wird an einem Vorfach aus rostfreier Stahldrahtlitze befestigt, das durch ein der Länge nach durchbohrtes, stromlinienförmiges Bleistück gezogen wird. Dieser Senker dient mit einem Kranz aus farbigen Plastikstreifen gleichzeitig als Köder und hält das Geschirr unterhalb der Wasseroberfläche. Oft trägt das im Handel erhältliche Blei zwei rote Glasaugen als Attraktion. Am anderen Ende des ca. 70 cm langen Vorfachs ist die Leine angeschlagen. Um den Köder besser auf Tiefe zu bringen, verwendet man gerne einen scherdrachenähnlichen sogenannten Paravan. Er steuert außerdem das Fanggerät seitwärts aus dem verwirbelten Kielwasser hinaus.

An Bord befestigt man die Schleppangel mittels Gummizug so am Heckkorb oder besser an einer starken Klampe, daß der plötzliche Ruck bei einem Biß gut absorbiert wird.

Mit Harpune

Eine Vielzahl von raffinierten und teuren Erzeugnissen ist auf dem Markt und erweckt beim Anfänger leicht den Eindruck großer Zuverlässigkeit und garantierten Jagderfolgs. Erst auf den Marquesas fand ich ein überaus einfaches, aber robustes und leicht zu bedienendes Unterwassergewehr, das in ganz Polynesien verwendet wird.

Es besteht aus einem rohen Holzschaft mit abgewinkeltem »Kolben«. An der Oberseite des Schafts ist über die ganze Länge eine Nut eingefräst, die zur Aufnahme des Speers oder Pfeils dient. Dieser wird am vorderen Ende der Harpune von einem Plastikteil geführt, das gleichzeitig als Lager für den oder die Gummizüge fungiert. Beim Abschuß wird der gespannte Speer einfach durch eine Wippe freigegeben, deren vorderes Ende mit einem Haken in eine Vertiefung des Pfeils eingreift und beim Niederdrücken des hinteren Teils ausrastet.

Den Holzkörper kann jeder selbst herstellen. Speer, Führungslager, Abschußwippe und Gummistränge sind als Ersatzteile bei jedem chinesischen Händler erhältlich.

Nach dem Schuß kann man diese Harpune unbedenklich loslassen. Sie schwimmt auf und sinkt nicht auf den Meeresboden wie andere teure Exemplare. Sollte die Fangleine sich lösen, verliert man so nur Fisch und Pfeil.

Langustenkörbe
Wir sammelten damit keine Erfahrungen, aber Fritz und Peter von der *Talofa* fingen so manchen Krebs, indem sie das Fanggerät aus Plastik einfach über Nacht, mit Fischköpfen bestückt, am Meeresboden in der Nähe des Ankerplatzes ausbrachten.

Einsiedlerkrebse als Angelköder
Diese Angelmethode hat in Korallengewässern sicheren Erfolg. Wir lernten sie während unseres Aufenthalts in den Tuamotus von Mama Fana, der legendären alten Dame von Ahé. Man braucht dazu einige große Einsiedlerkrebse, die man während der Mittagshitze im Schatten der Bäume in Ufernähe findet. Dort halten sie sich in der feuchten Kühle des Wurzelgeflechts oft zu Dutzenden verborgen. Weiter benötigt man Angelschnur, Haken, ein Messer mit starkem Griff und eine leere Konservendose.

Am Steilabfall eines Korallenstocks in der Lagune verankert man das Dingi. Nun lockt man mit einigen Wassertropfen einen Krebs aus seinem Schneckengehäuse hervor, ergreift seine Scheren und zieht ihn langsam ganz aus seiner Behausung. In der Konservendose tötet man ihn durch einen Schlag mit dem Messergriff, zerstampft die harten Chitinteile und fädelt das weiche Hinterteil wie einen Wurm auf den Haken. Das zerkleinerte Kopfbruststück und die Scheren wirft man dicht bei der Riffkante ins Wasser und wartet, bis die ersten Barsche (Grouper/Merous) nach den hinabrieselnden Stücken schnappen. Dann hängt man einfach den Köder ins Wasser und hat Sekunden später den ersten Biß. Garantiert!

Ausnehmen der Fische
Die bekannte Art hat Nachteile, wenn man die Tiere im ganzen auf heißen Steinen rösten möchte. Durch die weit geöffnete Bauchhöhle verlieren sie viel Körperflüssigkeit und trocknen zu sehr aus. Die Polynesier haben eine bessere Methode: Man schneidet an der Bauchseite knapp hinter den Kiemen senkrecht zur Hauptgräte ein und zieht mit angewinkeltem Zeigefinger die Eingeweide heraus. Die relativ kleine Öffnung schließt sich während des Bratens weitgehend, und das Fleisch bleibt zart und saftig.

Ciguatera
Ein starkes Nervengift, das von Einzellern produziert wird. Diese Lebewesen vermehren sich nur auf abgestorbenen Korallen, wo sie wiederum von Korallenfressern wie Lippfischen und Papageienfischen abgeweidet werden. Diese Friedfische speichern die toxischen Stoffe in ihrem Organismus, und Raubfische wie Grouper, Barrakudas und besonders Muränen, die von ihnen leben, kumulieren das Gift lebenslang in ihrem Gewebe. Große alte Raubfische können daher besonders hohe Giftmengen gespeichert haben.

Vergiftungssymptome: Wenige Stunden nach dem Genuß des vergifteten Fisches erste Krämpfe, Übelkeit und Durchfall. Nach etwa einem Tag Gelenkschmerzen und »Kribbeln« am ganzen Körper. Kommt man mit Wasser in Berührung, hat man den Eindruck, in Feuer zu geraten. Lähmungserscheinungen, auch des Atmungsapparats, die zum Tod führen können.

Vorbeugende Maßnahmen, falls man dennoch Fisch aus tropischen Gewässern essen will: Möglichst den Fang von einheimischen Fischern begutachten lassen (fragwürdige Lösung, da selbst die Erfahrensten von der Krankheit nicht verschont bleiben). Niemals Fische essen, die in Riffpassagen gefangen wurden, wo die Korallen durch Erosion zerstört sind. Keine Fische essen, die länger sind als der eigene Unterarm; auf keinen Fall aber Muränen.

Behandlungshinweis: Wenn kein Arzt erreichbar ist, Erbrechen und Durchfall fördern. Rizinusöl hilft! Da das Ciguateragift fettlöslich ist, wird es davon im Darm aufgenommen und ausgeschieden.

Südafrika – ein Land unter Zeitdruck

Uwe ist einer unserer Freunde. Er hatte früher zehn Jahre lang in Südafrika gelebt und meinte, das Land und seine Probleme einigermaßen zu kennen. Wir anderen wußten praktisch nichts davon, denn wir hatten längst gelernt, Medienberichten mit Mißtrauen zu begegnen. Dennoch häuften sich die Bedenken, ob wir auf dem Weg nach Hause den Staat am Kap der Guten Hoffnung besuchen sollten. Einigen schien die politische Situation dort unten so unsicher, daß sie lieber die Route durchs Rote Meer wählten. Solche Entscheidungen rangen Uwe meist nur ein Lächeln ab. In seiner gelassenen Art sog er dann öfter mal an der Pfeife, stieß den Rauch aus und meinte ruhig: »Es ist ein wunderbares Land, und ihr solltet es euch ansehen, solange es noch geht. Glaubt mir, es wird von außen, nicht durch die eigenen Probleme zerstört. Ich kann euch versichern, daß ihr dort keinen Ärger haben werdet.«

Nicht nur Uwes feste Überzeugung, sondern auch unsere Beweggründe für die gesamte Reise waren schließlich ausschlaggebend für unseren Entschluß, an der bereits vor Jahren entwickelten Planung festzuhalten. Schließlich wollten wir mit eigenen Augen erkennen, was auf unserer Erde vorging, wollten hinter die Kulissen schauen – soweit das möglich war. Südafrika sollte da keine Ausnahme bilden.

Durch den Mozambique-Kanal erreichten wir Monate später nach teilweise recht stürmischer Fahrt die hügelige, dünenbesetzte Küste von Natal. Hier rollen die mächtigen Wogen des Indischen Ozeans und des Südmeers an weite, einsame Strände und entladen ihre Energie in einer tosenden Brandung. Hoch flog der Wasserstaub und ließ Regenbogen aus dem blauen Meer entstehen. Dahinter flimmerte das matte Grün einer dichten subtropischen Vegetation in der Nachmittagshitze.

Ich dachte an Affen und Schlangen, an Giraffen, Krokodile und Elefanten, als ich den verfilzten Busch im Fernglas sah. Aber auch an Zulus, Hottentotten und Buschmänner, an Buren und Engländer, an Wagenburgen, Elfenbeinjäger, Diamanten, Gold und Kolonialismus. Auch an die Schlagworte der Medien, die untrennbar mit den Kap-Provinzen verbunden sind: Apartheid, Rassismus, Revolte und Unterdrückung. Wie würde sich Afrika uns offenbaren?

Zwischen den Wellenbrechern von Richards Bay empfing uns eine perfekte Organisation. Eine Marinebarkasse kam längsseits, und per

Megaphon wurden wir aufgefordert, ihr in den inneren Teil des riesigen Hafenareals zu folgen, das erst vor wenigen Jahren buchstäblich aus dem Sumpf gestampft worden war. Hier lag, hintereinander aufgereiht, eine Flotte von Massengutfrachtern, die Kohle, Erze und andere Bodenschätze luden – Rohstoffe, die Südafrika zu einem reichen Land gemacht haben. Unsere Flaggen knatterten in der steifen Brise, als wir in ein windwärts gelegenes Hafenbecken eindrehten. Am Kopf einer nagelneuen Betonpier machten wir fest und warteten auf die Behördenvertreter.

Früh am nächsten Morgen lotste man uns zwischen trockenfallenden Sänden hindurch an die Pier des Zululand-Yachtklubs. Dort lagen wir wohlbehalten im stillen braunen Wasser des Mzikasi-Flusses, fernab der Verladeanlagen und Industriegebiete des Handelshafens. Rings um uns erstreckte sich das weite Land der Zulus mit seinen sumpfigen Niederungen, dem fruchtbaren, hügeligen Weideland, den Eukalyptuswäldern an der Küste und den Savannen und Bergregionen landeinwärts.

Schon seit langem war dieses Gebiet besiedelt. Die steinzeitlichen Jäger der San-Stämme folgten dem Wild, das in jedem Winter die frostigen Hochebenen Transvaals verließ, um im milden Klima des Graslandes zu weiden. Bald wurden die wandernden Sippen hier ansässig, und am Ende des achtzehnten Jahrhunderts lebten sie weitgehend in Frieden und Harmonie mit ihrer Umgebung. Aber die Ruhe war trügerisch.

Schon 1818 begann das Unheil, als Shaka, der blutrünstige, geistesgestörte Krieger, im San-Gebiet die Nation der Zulus gründete. Feldzug folgte auf Feldzug, und wo Shakas Impis, die glänzend geführten Regimenter, erschienen, floh die ursprüngliche Bevölkerung oder wurde massakriert. Die friedlichen San-Stämme waren plötzlich wie vom Erdboden verschwunden, und wieder lagen weite Landstriche menschenleer unter der subtropischen Sonne.

Zu dieser Zeit erreichten die ersten Europäer Natal und fanden ein großes Gebiet praktisch unbewohnt vor, denn die überlebenden Eingeborenen waren vor den Raubzügen der Zulus nach Süden geflüchtet. Britische Elfenbeinhändler gründeten Durban, und vom Landesinneren her krochen die Wagenkolonnen der Buren in die weite Savanne hinein. Bei ihrem Vormarsch trafen die Kolonialisten in den Zulus auf anfangs überlegene Gegner. Vielerorts färbte sich der Boden rot vom Blut der Erschlagenen, obwohl das Land groß und reich genug gewesen wäre, um sie alle zu ernähren.

1879 gingen die Überfälle und Scharmützel nach neunmonatigem Krieg zu Ende. Gegen moderne Waffen hatten die Zulus trotz ihrer Tapferkeit und der Assegais (kurze, rasiermesserscharfe Lanzen) keine Chancen. Ihr Hauptkraal Ulundi wurde von fünftausend Briten gestürmt und niedergebrannt. Etwa um dieselbe Zeit hatte Yankeekavallerie in Oregon und Washington das Indianerproblem auf ganz ähnliche Weise »gelöst«. Schwarzfüße und Sioux vegetieren seitdem trotz ihres Wahlrechts in Reservaten dahin, und dennoch wagt es die US-Regierung, vernichtend über Südafrika zu urteilen – wie es auch wir Deutschen trotz unserer Vergangenheit tun.

Wie die Zulunation im zwanzigsten Jahrhundert lebt, sollten wir bald erfahren. Ihr erster Vertreter, den wir trafen, war Lucky, der Hausmeister auf dem Gelände des Yachtklubs. Entweder sah ich ihn im fleckenlosen hellblauen Overall den Vorplatz fegen, oder er zog Gartenschläuche zwischen Hydranten hin und her, um den dürren Rasen zu sprengen. Fast immer hatte er ein Lächeln auf den Lippen, trotz der armseligen zehn Rand, die er pro Tag verdiente. Als Unverheirateter lebte er mietfrei in einem kleinen, aber gemütlichen Zimmer neben der klubeigenen Werkstatt. In unserem Mietwagen nahm ich ihn manchmal mit zu den weit entfernten Einkaufszentren von Arboretum und Meerensee, die er sonst nur nach stundenlangem Marsch erreicht hätte. Dann beantwortete er in holprigem Englisch meine nicht immer bequemen Fragen: »Eigentlich bin ich ganz zufrieden hier. Meine Leute wohnen zwar noch hinter Empangeni (vierzig Kilometer entfernt), aber am Wochenende kann ich sie oft besuchen. Ich spare bis zu dreißig Rand pro Woche. Das ist eine große Hilfe für sie.«

Anfangs konnte ich mir kaum vorstellen, daß ein erwachsener Mann mit so wenig Geld auskommen konnte und es fertigbrachte, obendrein noch seine Angehörigen zu unterstützen. Tatsächlich aber ist es problematisch, den Lebensstandard seines Volkes und den unsrigen zu vergleichen, denn wegen der unterschiedlichen Bedürfnisse trennen uns Welten. Lucky genügte es offenbar, ein angesehenes Mitglied seiner Sippe zu sein, zu deren Lebensunterhalt er wesentlich beitrug.

Vierzehn Tage arbeitete der junge Sirras für uns. Er kam aus der Gegend um Mtubatuba, sechzig Kilometer im Nordosten, und gehörte wie Lucky zu dem Heer ungelernter Arbeitskräfte, die Südafrikas Städte überschwemmen. Sein Durchschnittslohn betrug sieben Rand pro Tag, aber wir zahlten ihm freiwillig mehr, denn was er täglich acht heiße Stunden lang leistete, war einfach mehr wert. Dennoch hatten

Zur jährlichen Überholung auf den Slip

wir ein schlechtes Gewissen, denn wir »verdarben die Preise«, überboten die stillschweigend anerkannten Tarife. In diesem Land mit seinem Überfluß an Arbeitskräften waren Niedriglöhne eine zwangsläufige Folge, zumal ständig illegale Einwanderer über die Lebomboberge hinweg nach Swaziland und Natal strömten.

Denn in Mozambique und in Zimbabwe leidet die Bevölkerung unter vielen Mängeln, die von Kritikern der südafrikanischen Politik gern verschwiegen werden. Dort gibt es zwar keine Apartheid, aber wer das Pech hat, anderer Meinung zu sein als die jeweils Mächtigen, wird nicht etwa daran gehindert, zur Wahlurne zu gehen, sondern des Nachts überfallen, aus seiner brennenden Hütte gezerrt und muß, bevor er bestialisch getötet wird, mit ansehen, wie »brüderlich« man seine Familie behandelt. Da gravierende Engpässe in der Lebensmittelversorgung und eine kaum existente medizinische Betreuung hinzukommen, scheint es manchem Bewohner eines sogenannten »freien« Landes besser, seinen Wohnsitz nach Südafrika zu verlegen. Jenseits des Flusses und der Berge liegt nämlich das vielgeschmähte Land der störrischen Buren, wo zwar das Recht auch nicht unbedingt zu Hause ist, aber das Unrecht wegen besserer materieller Versorgung erträglich erscheint.

Nördlich von Badplaas, auf dem Weg vom Krügerpark zurück nach Süden, fuhren wir durch eine bergige Region des Highvelds, die offenbar ausschließlich von hochgewachsenen Schwarzen bewohnt wird. Wir rechneten sie trotz des nahen Swazilandes zu einem Teil des großen Zuluvolkes und nahmen an, daß sie eine Art Homeland bewohnten. Über solche reservatähnlichen Stammesgebiete hatten wir in der Vergangenheit wenig Erfreuliches gelesen. Daher war unsere Überraschung groß, als wir auf der etwa zwanzig Kilometer langen Strecke durch dieses Gebiet nur wohlgenährte, ordentlich gekleidete und offenbar zufriedene Menschen trafen. Wir sahen keine niedergeschlagenen Gesichter, sondern Gruppen von Leuten, die sich lachend unterhielten, während sie auf den nächsten Bus warteten, vor einem Supermarkt Einkäufe sortierten, mit Sportzeug auf dem Weg zum Rugbyspiel waren und sich ganz allgemein fast genauso benahmen wie unsere Landsleute zu Hause. Es fehlten nur die Autoschlangen. Hier benutzte man öffentliche Verkehrsmittel oder das Fahrrad in einer Landschaft, die uns an die Schweiz erinnerte. In Durban dagegen und auch im Umkreis unserer Basis Richards Bay sahen wir häufig elegant gekleidete Schwarze die größten und teuersten Wagen fahren.

In Nelspruit am Crocodile River besuchten wir mittags ein gepflegtes Restaurant, das nach Marilyn Monroe benannt war. Von Plakaten, Ansichtskarten und großformatigen Fotos lächelte sie mit ihrem Schlafzimmerblick auf die weißen Töchter des Landes herab, die blondgelockt und mit Häubchen im Haar servierten. Sie bedienten an allen Tischen mit derselben unaufdringlichen Höflichkeit, auch an solchen, wo schwarze Bürger der Stadt zu Mittag aßen.

War Apartheid vielleicht nur Ausdruck eines Kastensystems? fragten wir uns damals. Schließlich regelt ja auch bei uns das Preisniveau den »Klassenerhalt«. Doch leider hinkt der Vergleich, denn tatsächlich trennen in Südafrika so tiefe zivilisatorische Abgründe die verschiedenen Bevölkerungsgruppen, daß ihre Überbrückung selbst mit größter Mühe unmöglich scheint.

Zwischen Nkwaleni und Eshowe, unweit der Route 68, lebt in den Niederungen des Umhlatuzi-Flusses eine Zulusippe. Sie hat ihre Krals auf historischem Boden erbaut. Nur fünfzehn Kilometer weiter südlich befindet sich das Grab ihres 1879 von den Engländern geschlagenen Königs Cetswayo, und vielleicht zwanzig Kilometer östlich liegt Bulawayo, das große Dorf, das Shaka auf dem Höhepunkt seiner Macht errichten ließ. Sein Volk lebt hier am Fuß des Mpofu-Berges beinahe noch genauso wie zu seiner Regierungszeit vor 160 Jahren.

Ein Palisadenzaun umgibt die Rundhütten, die mit Kuhdung gedeckt sind und in denen es im Sommer kühl und im Winter warm ist. In einem separaten Rondavel, wie die Rundbauten genannt werden, genügt ein Wasserklosett den etwa dreißig Bewohnern: ungefähr das einzige Zugeständnis an moderne Hygiene und Lebensart. Wie in alter Zeit werden die Speisen zubereitet, wird Bier gebraut. Die verheirateten Frauen arbeiten auf benachbarten Farmen; ihre Männer betreiben Viehzucht oder Kunsthandwerk und tun sich schwer, ihre alten Traditionen der neuen Zeit anzupassen, einer Zeit, die es erfordert, daß Angehörige der verschiedensten Kulturen aufeinander zugehen, um sich zu ergänzen.

Noch immer werden Bräute gekauft. Zwanzig Rinder kostet ein kräftiges arbeitsames Mädchen, das bis zu seiner Hochzeit den heimatlichen Kral nicht verlassen darf. Und noch immer kommt es zu blutigen Fehden der schwarzen Stämme untereinander.

Hier liegt wahrscheinlich das Hauptproblem Südafrikas. Der Vielvölkerstaat versucht zwar längst, in den autonomen schwarzen Republiken – wie Swaziland, Transkei, Ciskei, Venda, Bophuthatswana und Lesotho – eigenständige Stammesgebiete zu schaffen, um der häufigen Stammeskriege Herr zu werden. Aber dort und in den städtischen Ballungsgebieten kommt es immer wieder zu blutigen Ausschreitungen, die längst nicht alle auf die Apartheidpolitik der Buren zurückgehen.

Wie reif ist die Bevölkerung der Kapregion für eine funktionsfähige Demokratie? Für eine Demokratie also, die in der Lage wäre, Rassenprobleme, Standes- und Stammesdünkel, Religionskonflikte und kulturelle Differenzen zu ertragen und zu entschärfen? Uns schien der Weg noch lange, bis das Land mittels eines Wahlrechts für alle – nach dem Prinzip ›one man, one vote‹ – zu sozialer Gerechtigkeit finden würde. Bis dahin sollten Europäer und Amerikaner sich vor der Doktrin hüten, daß wieder einmal an ihrem Wesen und an ihren sogenannten demokratischen Spielregeln die Welt genesen müsse. Im immer noch wilden Afrika gelten andere Regeln.

Warum sollte man eigentlich von Menschen, die häufig noch Analphabeten sind, nicht einen ähnlichen Lernprozeß erwarten dürfen wie denjenigen, der von uns Deutschen nach dem Zweiten Weltkrieg gefordert wurde? Unser Volk hatte einzusehen, daß es das richtige Demokratieverständnis erst noch zu erlernen hatte, und das, obwohl es des Lesens kundig war. Die Tragik Südafrikas scheint den meisten, die es unvoreingenommen sehen, darin zu liegen, daß ihm

Vision am Tafelberg

die Zeit für eine halbwegs normale Entwicklung fehlte. Zeit ist etwas, das Afrika seit Beginn der Kolonialisierung nie hatte. Heute sorgen manche schwarzen Agitatoren dafür, daß die alten Rivalitäten zwischen den Stämmen von neuem entbrennen. Daraus entstehende Unruhen und Ausschreitungen werden von den internationalen Medien oft irrtümlich oder auch absichtlich der Apartheidpolitik zugeschrieben, wie folgendes Erlebnis verdeutlicht:

Im Dezember 1985 kam es an einem Strandabschnitt bei Durban zu Krawallen zwischen Xhosas und Zulus. Weiße Polizisten riegelten das Gebiet zur Stadt hin ab und verhielten sich ansonsten passiv. Plötzlich kam Unruhe in die Reihen der sensationshungrigen Zuschauer. Mehrere junge Schwarze durchbrachen die Absperrung, rannten johlend vorbei und bekleckerten sich aus mitgebrachten Ketchupflaschen. Dann wälzten sie sich im Sand, verzerrten schmerzerfüllt die Gesichter und ließen sich von skrupellosen Bildreportern vor dem Hintergrund der Polizistenstiefel fotografieren. Die bekamen zwar die getürkten Bilder in den Kasten, aber als die verblüffte Menge ihre Fassung wiedergefunden hatte, blieb den Bildfälschern nur noch die Flucht.

Sicherlich sind einige der Restriktionen, unter denen auch die verantwortungsbewußten Journalisten in Südafrika zu leiden haben, auf solche Vorfälle zurückzuführen. Denn natürlich sind die regierenden Buren nicht alle Engelsknaben. Es gab und gibt in Südafrika Unverzeihliches. Aber die Weichen sind auf Reformkurs gestellt. Wir sahen keine deutlichen Beispiele von Rassentrennung mehr. Schwarz und Weiß fuhren friedlich zusammen im Bus, besuchten dieselben Lokale und dieselben Strände. Mischehen sind möglich geworden, und vieles, das früher undenkbar war, gehört heute zu den Selbstverständlichkeiten. Sicherlich wäre es dem Verständnis förderlicher, sich differenziert mit den Problemen dieses großen Landes zu beschäftigen, statt nachzuplappern, was Mode ist. Boykottmaßnahmen gegen die Regierung Bothas schienen uns jedenfalls der falsche Weg, weil sie in erster Linie die schwarzen Arbeiter träfen.

Als wir im März 1986 die Kaphalbinsel verließen und der Tafelberg langsam im Südosten verschwand, dachte ich mit Unmut daran, daß der wankelmütige Westen wie schon im Fall Rhodesien wieder einmal auf dem besten Weg war, ein herrliches Land der Dummheit, dem Hader, dem Fanatismus und dem Neid preiszugeben. Doch etwas Hoffnung bleibt; denn ein Volk, dem deutscher Rassismus schreckliches Leid zufügte, steht treu zu der Republik am Kap. Es ist Israel, und das sollte uns nachdenklich machen.

8000 Meilen bis nach Hause

In der Frühe eines kühlen Märzmorgens verließen wir die malerische Hout Bay in der Nähe von Kapstadt. Vor steilen Granitwänden lagen dünne Nebelschleier auf dem flaschengrünen Wasser, und über die Gipfel der Constantiaberge blinzelten erste Sonnenstrahlen. Ihr goldenes Licht verdrängte zusehends die düsteren Schatten auf den Flanken des Sentinel am Eingang zur Bucht. Es ließ diese steile Felsnadel noch wie einen Edelstein glühen, als wir bereits weit draußen im Benguelastrom nach Nordwesten steuerten.

Mit uns waren vier weitere Boote ausgelaufen. Die *Neutron* aus Südafrika, die *Avilion* aus Kanada, die australische *Mañana* und *Nudge Nudge* aus Israel. Vor uns allen lag die 1700 Seemeilen lange Strecke nach St. Helena, aber die Gefühle der fünf Crews dürften an diesem Herbstmorgen ganz verschieden gewesen sein:

Für David und Giselle auf *Neutron* wie auch für den Israeli begann eine große Reise in die weite Welt, und sicherlich mischte sich in ihre Gedanken die Sorge, ob wohl alles gutgehen würde. Ray und Florence von *Avilion* waren schon viele Jahre mit ihrem kleinen Boot über alle Ozeane gekreuzt und freuten sich auf die Rückkehr in die Heimat, wo Kinder und Enkel ihrer harrten. Auf George und Annies *Mañana* wartete Westindien und die Südsee, die sie möglichst schnell erreichen wollten. Voller Elan und Tatendrang kamen die beiden unter Zuhilfenahme ihres starken Motors schnell außer Sicht. In der schwachen westlichen Brise sackte *Atair* bald ans Ende der Flottille. Immer kleiner wurden die weißen Segeldreiecke der viel leichteren Boote, und nachmittags war weder von ihnen noch von der dunstverhangenen Küste etwas zu sehen.

Und wie empfanden wir? Schließlich hieß es auch für *Atair* nun »rolling home«. Nach über drei Jahren segelte sie wieder in atlantischen, also beinahe heimatlichen Gewässern, und ihr Bug zeigte endgültig nach Norden. Wehmut schlich sich in meine Gedanken, und später gestand mir Bärbel, daß es ihr ganz ähnlich ergangen war. Obwohl wir uns auf die Heimkehr freuten, auf das Wiedersehen mit Freunden und Verwandten, begann sich schon wieder das Fernweh zu regen, dem wir wie so viele erlegen sind.

Abends frischte die Brise auf und drehte während der Nacht langsam auf Südwest. Mit halbem Wind und allen Segeln, die wir setzen konnten, begann unser Boot Stalldrang zu entwickeln. Durch ruhiges

Wasser glitt sein Kiel mit sechs Knoten dahin, und am Bug zischte und sprühte die See. Die Windfahnensteuerung hielt haargenau Kurs; ihr leichtes Vibrieren und die schwachen Ausschläge des Pendelruders bewiesen, welch geringe Mühe sie dabei hatte. So gewann ich den Eindruck, daß alles stimmte: Boot und Besatzung waren ausgeruht und in Bestform, und die Wetterlage schien günstig, denn ein dickes Hoch hatte sich westlich vom Kap breitgemacht, so daß wir für die nächsten Tage mit hilfreichen Winden rechnen konnten. Von der inzwischen weit entfernten Küste huschte der Schein des Leuchtfeuers auf Cape Columbine über den Horizont. Unter einem sternklaren Himmel eilte *Atair* durch die blauschwarze Nacht ihren letzten Zielen entgegen.

Zwei Tage später sah ich um Mitternacht ein weißes Licht in Luv. In unregelmäßigen Abständen blitzte es über den Wellen und gehörte wegen seiner geringen Höhe offenbar zu einem kleinen Fahrzeug. Im Fernglas erkannte ich die undeutlichen Umrisse eines Seglers, dem wir uns im spitzen Winkel näherten. Vor seinem Mast wölbte sich schmal das dunkle Profil eines einzelnen Segels. Damit war ich ziemlich sicher, wer da neben uns her segelte: David, der junge Mann aus Mossel Bay, denn seine *Neutron* besaß eine rostbraune Fock. Für alle südafrikanischen Segler ist ein UKW-Gerät an Bord obligatorisch. Während wir anluvten, um ganz dicht hinter seinem Heck zu passieren, schaltete Bärbel deshalb unser Sprechfunkgerät ein: »Is that you, David? How are you?«

Falls sein Radio empfangsbereit war, mußten bei dieser kurzen Entfernung die Sicherungen gewackelt haben. Aber im schwach beleuchteten Cockpit der *Neutron* war niemand zu sehen. Erst als unsere voll besegelte *Atair* genau im Kielwasser der Slup vorbeirauschte und weit überliegend eine Menge Segeltuch zeigte, schaute drüben eine Gestalt aus dem Niedergang. Unser Anblick mußte David die Sprache verschlagen haben, denn erst nach einiger Zeit kam seine Stimme zaghaft und etwas verstört durch den Äther. Aber als er uns erkannte, entwikkelte sich ein netter kleiner Plausch. Noch lange sahen wir sein weißes Licht über die See tanzen, doch als der Morgen anbrach, waren wir weit voraus und wieder allein in der Weite des Ozeans.

Das Segeln im Südatlantik erwies sich als reine Freude, weil der Wind stetig und mäßig aus Südwest bis Südost wehte. Jeden Tag wurde es wärmer, und nach und nach zeigte sich der Himmel wieder so, wie wir ihn aus schönsten Südseetagen kannten: hellblau, mit leichten Cirrusfäden in großer Höhe, vor deren Hintergrund die Wattebäusche der Passatwolken dahinzogen.

Nebel vom Benguelastrom liegt vor der Hafeneinfahrt von Hout Bay, Südafrika

Nach dreizehn Tagen flotten Segelns tauchte St. Helena auf. Nicht wie die lieblichen Inseln des Pazifiks im Sonnenglanz, sondern im Mondlicht als gewaltige schwarze Mauer, die Stunden später im Morgengrauen einer Zyklopenfestung ähnelte. Vielleicht hatte der einsame Felsklotz auf Napoleon denselben Eindruck gemacht, als er an einem Oktobermorgen des Jahres 1815 hier eintraf. Welche Gedanken mochten den verbannten Kaiser wohl bewegt haben, als er damals an Deck des Linienschiffes *Northumberland* stand und sein letztes Gefängnis betrachtete, aus dem eine Flucht nicht mehr möglich war?

Auf der ruhigen Reede in der James Bay rasselte unsere Kette ins Wasser. Viel Kette, denn die Bucht ist tief, und die besten Ankerplätze waren bereits von anderen Yachten, Leichtern und Fischerbooten belegt. Ein Blick in die Runde ergab, daß *Atair* die Regatta der Fünf gewonnen hatte. Von unseren vier Konkurrenten war weit und breit nichts zu sehen. Aber andere Freunde, die lange vor uns Südafrika verlassen hatten, hielten sich immer noch hier auf – ein Zeichen, daß die Insel wesentlich mehr zu bieten hatte, als der erste Blick vermuten ließ.

Ihre Küsten bestehen aus graubraunem Vulkangestein, sind wild zerklüftet und machen einen abweisenden Eindruck, der noch durch eine kräftige Brandung verstärkt wird. Ohne Unterlaß rollen die Brecher gegen die kleine Mole, biegen entlang der Ufermauer ein und klatschen laut an die steilen Felsen im Westen der Bucht. Wie Beifall aus Neptuns Unterwasserwelt hört sich das an. Manchmal sind die Roller so hoch und folgen so dicht aufeinander, daß es gefährlich wird, mit dem Dingi an den steinernen Stufen zu landen, die von der Mauer aus ins Wasser führen. Als wir uns ihnen im Schlauchboot näherten, war der Seegang jedoch friedlich. Von einer horizontalen Eisenstange hingen kräftige Tampen herab: Halteseile für die Bootsinsassen, falls die See sich ungebärdig zeigte. Wir aber benötigten sie nicht und zogen ohne Hast unser Dingi auf die glitschige Treppe.

Jamestown heißt der kleine verschlafene Ort am Scheitel der Bucht. Auf dem Turm eines alten grauen Forts flappte ein nagelneuer Union Jack träge in der schwachen Morgenbrise; wäre nicht das ununterbrochene Geräusch der Brandung gewesen, hätten wir sicher hören können, wie sich das schwere Tuch bewegte. So still war es. Unter dem Gewölbe einer wuchtigen Toreinfahrt hallten unsere Schritte von bemoosten Steinquadern wider, und immer noch hatten wir keine Menschenseele gesehen. Erst innerhalb der Stadtmauer änderte sich das Bild.

Die einzige nennenswerte Straße von Jamestown trägt den hochtrabenden Namen »Grand Parade«. Kleine Geschäfte säumen ihre Gehsteige, und in den Schaufenstern liegen die unglaublichsten Artikel: Babyrasseln, Leukoplast, Kugellager und Dosenbiskuits, Thunfischkonserven, Briefpapier und sogar Kfz-Zubehör, denn Autos gibt es auch auf St. Helena. Und was für welche! Wir staunten nicht schlecht, als wir vor der Polizeiwache einen wunderschönen königsblauen Rover sahen, an dessen Fahrertür gelangweilt ein livrierter Chauffeur lehnte. Im Fond saß eine hochmütig blickende ältere Dame, und an Stelle eines vulgären Nummernschildes zierte eine schlichte goldene Krone den Wagen: in der Tat höchst britisch!

Einige Meter weiter bekamen wir in einer winzigen Bäckerei frische Brötchen, sollten aber gegenüber in einem Tante-Emma-Laden dafür bezahlen, wo Mrs. Benjamin mit strahlendem Lächeln bedauerte, noch kein Wechselgeld zu haben. »Also zahlen Sie eben morgen!«

Wahrscheinlich wissen viele Leute über St. Helena lediglich, daß Napoleon hier in der Verbannung lebte und starb. Seine Gegner hätten schwerlich einen sichereren Platz für sein Exil finden können, denn die Insel liegt einsam in der riesigen Weite des Südatlantiks. Das nächste Festland ist die über 1000 Meilen entfernte Westküste von Afrika, und auch heute noch leben die Insulaner in spürbarer Isolation. Zwar gibt es inzwischen eine reguläre Schiffsverbindung nach England und Kapstadt, aber nur alle sechs Wochen verkehrt das einzige Fahrzeug dieser Linie, das königliche Postschiff *St. Helena*. Ein Flugplatz existiert nicht, frühere Bauvorhaben scheiterten an Geldmangel.

So gibt es praktisch keinen Tourismus mit all seinen unerfreulichen Nebenwirkungen, und die Handvoll Reisender, die alljährlich einige Wochen auf der Insel verbringt, erlebt ihre Reize aus erster Hand. Mit einem in Bronze gefaßten Smaragd hat man sie einmal verglichen, und das trifft die Wirklichkeit genau: Im Sonnenlicht des Nachmittags strahlen die wilden Küsten tatsächlich wie Messing und umrahmen den dunkelgrünen Edelstein aus hochgelegenen Nadelwäldern. In ihren Lärchen und Kiefern fächelt ein kühler Wind. Ziemlich genau in der Inselmitte liegt in solch einem Waldgebiet das erste Grab Napoleons. Unter moosbehangenen Koniferen führt ein schmaler Pfad abwärts in ein schattiges Tal, wo unter riesigen Araukarien eine kahle Steinplatte die ehemalige Ruhestätte bezeichnet. Es ist ein Platz des Friedens. Nur Vögel zwitschern, Frösche quaken, und ganz in der Nähe murmelt leise eine Quelle.

Ob der Kaiser wohl zugestimmt hätte, als man seine sterblichen Überreste von hier ins hektische Paris überführte?

Noch eine ganze Woche verbrachten wir im Kreis von Freunden. Mit ihnen erlebte ich manche Unterwasserpirsch vor der braunen Felsenküste. Sie war nicht mehr so farbenfroh, so lichterfüllt und heiter wie in vergangenen Südseetagen, aber immerhin umgab uns klares warmes Wasser; dunkelgrüner Seetang wogte in der Brandungszone hin und her, und über einem nahen Wrack tanzten zu hunderten bunte Tropenfische. Als ich am letzten Abend die Tauchausrüstung wegpackte, fragte ich mich, wie viele Jahre es wohl dauern würde, bis ich das wieder erleben durfte: das Brodeln der Ozeandünung an steiler Riffkante, das Knistern der Unterwasserlebewesen, die funkelnden Lichtreflexe an Korallen und den bitter-salzigen Geschmack der See. Würde ich jemals wieder mit verfilzten Haaren, naß und schwitzend auf der prallen Gummiwulst eines Schlauchboots sitzen, das Knattern des Außenborders und das fröhliche Lachen der Freunde im Ohr?

Wenige Tage später rollte *Atair* vor einem stetigen Passat dem Äquator entgegen. Auf dem Zwanzig-Meter-Kurzwellenband hörten wir, daß *Talofa*, eine moderne Aluminiumyacht, ebenfalls von St. Helena gestartet war. Vor uns beiden lagen 4000 Seemeilen bis zu den Azoren – die längste Strecke unserer ganzen Reise um die Erde.

Hart am Wind auf Heimatkurs: Bärbel mit einem Fliegenden Fisch

Ein paar hundert davon waren bereits in unserem Kielwasser verschwunden, und wir bemühten uns sehr, den Abstand zwischen beiden Schiffen nicht zu schnell kleiner werden zu lassen. Denn noch fielen die Unterschiede zwischen *Talofa* und *Atair* kaum ins Gewicht. Entscheidend für unser Abschneiden in dieser »Regatta« war der Ort, wo wir die Doldrums erreichen und die Zeit, die wir für ihre Durchquerung benötigen würden. *Talofa* war wesentlich besser dazu geeignet, die wilden Winddrehungen in diesem Gürtel der Flauten und Gewitter mit schnellen Manövern zu beantworten. Außerdem verfügte sie über eine doppelt so starke Crew. Später, im Nordostpassat, wenn es darum ging, so hoch wie möglich am Wind zu segeln, würde sie mit ihrem modernen Rigg und Rumpfdesign ebenfalls im Vorteil sein. Also war es für uns wichtig, so weit wie möglich im Osten über die Linie zu gehen, damit wir schon einigen Luvraum als Vorgabe hatten. Aber der Mallungengürtel besitzt gewöhnlich eine ausgeprägte Keilform. Vor der afrikanischen Küste ist er am breitesten und verjüngt sich westwärts immer mehr – zumindest gemäß der Klimastatistik. Wäre es daher nicht doch besser, den Wegen zu folgen, die in einschlägigen Ozeanhandbüchern empfohlen wurden?

Häufig aber steht das aktuelle Wettergeschehen im Widerspruch zu langjährig gemittelten Daten. Deshalb hofften wir darauf, daß sich Mitte April 1986 die äquatorialen Konvektionszellen der ITC* von der Norm abweichend verhalten würden. Viel wichtiger als diese frohe Hoffnung war jedoch, daß wir über die gegenwärtige Lage der Tiefdruckrinne ziemlich genau informiert waren. Jeden Tag, an dem wir uns der Linie näherten, erhielten wir von brasilianischen Küstenfunkstellen Daten über ihren Verlauf, und bald wurde deutlich, daß wir offenbar auf dem richtigen Weg waren.

Als uns der Passat der Südhalbkugel verließ, lagen dicke Tiefdruckgebiete weit im Westen (vor Südamerika) und im Osten vor der afrikanischen Küste (im Golf von Guinea). Dazwischen, im mittleren Teil des Ozeans, war die Tiefdruckrinne in viele kleine Einzelzellen zerbrochen. Mit ein wenig Glück konnten wir es also schaffen, uns ungehindert auf die andere Seite hinüberzumogeln, wo uns der frische Nordostpassat erwarten würde.

Wie die folgenden Tagebuchauszüge zeigen, war uns Fortuna aber nicht ganz so hold gesinnt:

Donnerstag, 17. 4., zehnter Reisetag: Schöner Morgen, sehr warm. Wind ganz schwach. Ein Fischer zieht im Westen vorbei, das erste Schiff, seit wir St. Helena verließen. Fülle Motoröl auf, denn bald werden wir wohl den Jockel brauchen. Zum Frühstück gibt's Bananenpfannkuchen und Grapefruit. Nach der Mittagsstandlinie stehen wir knapp südlich von 2° Süd auf 21° West. Der Wetterbericht von Belem verkündet, daß die ITC bei 20° West auf dem Äquator liegt und zwei bis drei Breitengrade umfaßt. So sind wir also ganz dicht vor den Mallungen. Prompt schläft der Wind gegen Abend fast ein und wird östlich. Eine große Schule Grindwale begleitet uns. Man kann im kaum bewegten Wasser ihre schwarzbraunen Körper sogar noch in einigen Metern Tiefe sehen. Auf meiner ersten Nachtwache verabschiedet sich der Wind endgültig. Ein Schauer zieht über uns hinweg. Wir bergen alle Segel und starten die Maschine. Während der Nacht entwickeln sich mehrere, auch gewittrige Schauer. Das sind sie wohl, die Doldrums!

Freitag, 18. 4., elfter Reisetag: Ringsherum starke Schauer. Windstill. Gläsernes Meer mit leichter Dünung aus Ost. Keiner der Wolkentürme erwischt uns – warten vergebens auf eine Dusche. Nachts

* ITC = Intertropical Convergence Zone, Intertropikfront: Zone mit zusammenfließenden und deshalb aufsteigenden Luftströmungen, die zu Wolkenbildung und Niederschlägen führen.

spiegeln sich die Sterne im Wasser. Die Maschine dröhnt einschläfernd, und seltsamerweise können wir trotz des Lärms schlafen.

Sonnabend, 19.4., zwölfter Reisetag: Morgens schweres Gewitter. Es gießt wie aus Kübeln, und ein ekelhafter Schwell läuft aus Nordwesten heran. Als es hell wird, ist alles grau in grau, überall hängen Regenwolken. Nachmittags kommt ganz leichter Nordostwind durch. Wir segeln unter Vollzeug auf Backbordbug.

Montag, 21.4., vierzehnter Reisetag: Dunstiger Sonnenaufgang. Lange nördliche Dünung und leichter Nordwind. Erfahren über Funk, daß *Talofa* etwa 400 Seemeilen südlich von uns steht. Aber sie wird uns wohl bald eingeholt haben, wenn wir weiterhin nur zwei Knoten laufen. Sind mittags auf fast 5° Nord. Wetter ist gut, sehr warm. Alle Leinen sind mit sehr feinem, rötlichem Staub bedeckt. Ein von der Sahara so weit aufs Meer hinaus getragener Harmattan-Ausläufer ist Ursache der Diesigkeit.

Wie von Zauberhand verschwand nachts die Luft, die bisher aus Watte schien. Sterne blinkten hell und klar im Norden, dann kam der Wind. Erst zögernd, halbherzig und böig, aber bald brausend wie ein Chorgesang. Hart am Wind krachten wir in den sich schnell aufbauenden Seegang. In langen Fächern flog Gischt über Deck, hüllte alles in Nässe, und weil es oben nichts zu tun gab, zogen wir uns schnell in den Salon zurück. Doch der benahm sich wie ein Rammbock. Plötzliche Beschleunigungen wechselten mit abrupten Verzögerungen, die oft in heftigen Schlägen endeten. Dabei zitterten alle Verbände. Hölzerne Schotten und Fußbodenbretter knarrten, bis für einen Augenblick relative Ruhe eintrat, während *Atair* einen neuen Wellenberg bestieg. Anfangs warteten wir innerlich angespannt auf das Ende des Fahrstuhleffekts, wenn sich der Rumpf wieder in einer anstürmenden See festfahren würde. Aber solche Bedingungen nimmt man ohne Not nicht allzu lange in Kauf. Auch wir hatten bald genug und wollten lieber uns und unser Schiff schonen, als unbedingt dem Teufel ein Ohr absegeln.

Mit leicht aufgefierten Schoten ging es besser. Voll und bei segelten wir zwar nur noch sechzig Grad zum Wind, aber die Bewegungen wurden wesentlich angenehmer, und die Etmale erhöhten sich beträchtlich. Hoch am Wind zu segeln ist auf See immer unangenehm. Wer jedoch einmal eine ganze Woche lang gegen starken Passat angerannt ist, weiß über sich und sein Schiff Bescheid. Tausend Meilen weit kämpfte sich *Atair* schäumend und wassertriefend voran. Unbeirrt stemmte sie ihren behäbigen Bug gegen die rollende See und zerteilte trotzig mit naß glänzenden Segeln die steife Brise. Sie war am Wind gewiß kein Racer, aber wenn es um Stärke und Zuverlässigkeit ging, dann gewann sie ganz sicher gegen fast alle Boote ihrer Größe, die sich heute seetüchtig nennen.

Manchmal kletterte ich, in Ölzeug gehüllt, nach vorne. Am Klüverbaum klammerte ich mich fest und betrachtete mein Schiff. Was ich sah, machte mich stolz und ließ mich laut auflachen vor Lebenslust. Prall voll Wind standen Großsegel und Besan, die beiden Gaffeln weit nach Lee hinaus gestaffelt. Auf dem nassen Tuch funkelte das Sonnenlicht, dessen Wärme leicht ausreichte, um einige geschützte Stellen an Deck zu trocknen. Durch die Speigatten schäumte dann und wann der Atlantik in den Wassergraben hinein und schickte einige brodelnde Finger weit nach achtern bis vor das Cockpitsüll. Über mir brauste der kräftige Wind durch die Düse zwischen Fock und Klüver. Beide Segel wuchsen sichelförmig zum Mast empor, überlappten und ergänzten sich in so schwungvoller Linie, daß man meinen konnte, sie wären aus einem einzigen Stück gefertigt.

Und wir waren alles andere als langsam! Mehrere Tage betrug die Durchschnittsgeschwindigkeit gut sechs Knoten, womit wir kaum etwas gegenüber unserer Konkurrentin *Talofa* verloren. Immer noch war sie mehr als 300 Meilen hinter uns, aber während wir ungerefft mit mäßiger Schräglage vorwärtsstürmten, dichtete dort am Tag der Arbeit Peter die denkwürdige Zeile: »Erster Mai – wir drehen bei!«

Einen Tag später kreuzten wir unseren Ausgangskurs von 1981. Damals hatten wir uns hier durch eine lange Flaute nach Westen gequält. Eng, sehr eng, hatten die Mittagspositionen beieinander gelegen. Jetzt öffneten wir nach einem Etmal von 160 Seemeilen eine Flasche Sekt, deren Inhalt ungekühlt als Schaum durch unsere Kehlen rann. Eigentlich war nichts mehr übrig von dem ehemals köstlichen Geschmack des Kapweins, und auch die Tatsache, daß wir ihn aus emaillierten Blechtassen tranken, erhöhte nicht den Genuß. Dennoch prosteten wir uns feierlich zu, denn schließlich hatten wir soeben die Erde umrundet. Auch *Atair* bekam einen tüchtigen Schluck über den Mastkragen gekippt, aber sie schüttelte sich unwillig, weil eine Kreuzsee sie aus dem Takt brachte – oder lag's vielleicht doch am verkorksten Sekt?

Wie der Passat uns begrüßt hatte, so sagte er uns auch adieu: plötzlich und unverhofft. Wir blieben in einer Windstille hängen, wie sie für die Roßbreiten typisch ist. Über den abgezogenen Cumuluswolken hatte sich ein weiter Himmel geöffnet. Kobaltblau mit weißen feinen Katzenhaaren wölbte er sich in eine Tiefe hinein, so großartig, daß meine Augen schmerzten. Schnell hatte sich der Seegang gelegt, und bald atmete der Ozean genauso flach wie die Brust eines Tiefschläfers. Soweit der Blick reichte, deuteten lediglich die Streifen winziger Kapillarwellen an, daß hin und wieder ein Windhauch die Wasserfläche streifte. Wo vor wenigen Stunden noch das Kielwasser achteraus gezischt hatte, drehten sich nun ölige Wirbel von einer Seite des Ruders zur anderen.

Und *Talofa* holte auf! Während sie noch vom Passat gebeutelt wurde, saßen wir Fingernägel kauend im Cockpit und hofften auf Wind. Aber vergebens! Die folgenden zwei Tage und Nächte bescherten uns ganze achtzig Meilen in Zielrichtung.

Der dreißigste Reisetag wurde einer der schönsten überhaupt. Zwar war er wieder fast gänzlich ohne Wind, aber die große Ruhe und der Frieden um uns herum unter dem Sonnenlicht entschädigten uns voll und ganz dafür. Lange stand ich am Besan, und meine Gedanken eilten weit voraus. Es war zwei Tage nach der Nuklearkatastrophe von Tschernobyl. Was würde uns in Europa erwarten? Die spärlichen Nachrichten der Deutschen Welle hatten Bärbel so zugesetzt, daß ihre Freude auf die Heimkehr verflog.

»Vielleicht wäre es am klügsten, einfach wieder nach Westen abzudrehen«, meinte sie traurig und sah übers sonnenglitzernde Meer. »Dann noch einmal durch den Panamakanal und keinen Stopp mehr vor der Südsee.«

Natürlich meinte sie das nicht ernst, und auch ich wendete kaum eine Minute Nachdenken an diese Idee. Zu sehr waren wir auf die Elbe programmiert, so schmutzig sie auch sein mochte, aufs Ankommen in Cuxhaven und Kiel.

Mittags tauschten Fritz von *Talofa* und ich über Funk unsere Positionen aus. Sein Signal klang übermäßig stark, trotzdem war ich doch überrascht, als ich hörte, daß sie unser Boot vom Mast aus in Sicht hatten. Wir bargen sofort die Segel, und auf *Talofa* wurde der Diesel gestartet. Zwei Stunden später und siebenhundert Meilen vom nächsten Land entfernt kam es zum Rendezvous mit den Gewinnern der »Regatta«. In einer leichten Dünung hoben und senkten sich die Boote mit nur wenigen Metern Abstand. Vorsichtig manövrierte Fritz sein Schiff heran, und Bärbel und ich sprangen hinüber – bewaffnet mit Wetterkarte, frisch gebackenen Brötchen und warmem Bommerlunder!

»Das gibt's doch nicht«, meinte Inga, »daß wir uns hier nach 3300 Meilen treffen. Wie lange liegt ihr denn schon so bekalmt?«

Während wir erzählten und kaltes Bier aus *Talofas* Kühlschrank tranken, entfernten sich beide Schiffe allmählich gut zweihundert Meter voneinander. Wie ein Spielzeug wirkte unsere *Atair* aus der Entfernung, klein und zerbrechlich in der gewaltigen Weite.

Ein eigenartiges Gefühl der Beklemmung überkam mich, als ich sie so allein dahintreiben sah. Ich spürte in diesem Augenblick zum ersten Mal deutlich, was eigentlich hinter den heute schon lapidaren Worten steckt: »Sie haben die Welt umsegelt.« Das kleine Boot mit seinen zwei menschlichen Ameisen an Bord war tatsächlich um den ganzen Globus gewandert. Mehr als alle Zahlen machte *Atairs* Bild vor der untergehenden Sonne mir offenbar, was wir im wahrsten Sinne des Wortes »erfahren« hatten: die Erkenntnis von der eigenen Geringfügigkeit und eine Ahnung von unendlicher Größe.

Kurz vor den Azoren erwischte uns schlechtes Wetter. Der Nordatlantik schickte mit einer Kaltfront einen winterlichen Gruß weit nach Süden. Eisiger Regen prasselte aus dicken Schauerwolken herab, und seit langer Zeit trugen wir wieder Ölzeug, Seestiefel und Isländerpullover. Nicht nur daran erkannten wir, daß es der kalten Heimat entgegenging, sondern auch an den Stimmen im Äther.

»Ja, tschüs, das waren fünf Minuten für die *Kalkgrund*. Gute Reise und gute Wache«, tönte es plötzlich aus dem Seefunkempfänger. Norddeich Radio! Klar und deutlich war die Station zu hören, fast so gut, als schipperten wir bei Helgoland herum.

Aber das Land, welches bald aus den Schauerwolken hervortrat, war grün und lieblich anzusehen, ganz anders als die Nordseeinsel. Zu unserer Linken fielen sanfte, terrassierte Hänge mit wohlbestellten Feldern allmählich zum Ozean hin ab. Dort endeten sie in einer braunen, klippenreichen Steilküste, an der die Brandung hoch empor leckte. Im Osten, jenseits einer breiten Durchfahrt, erhob sich der majestätische Gipfel eines Stratovulkans weit über einen dichten Kranz dunkelgrauer Wolken. Mit seiner Höhe von mehr als 2300 m kommt der Berg bei gutem Wetter schon auf sehr große Distanz in Sicht und stellt dann eine ausgezeichnete Landmarke dar.

Unter Klüver, Fock und Großsegel hielten wir bei langsam abnehmendem Wind auf den Kanal zu, der beide Landmassen voneinander trennt: Pico mit dem mächtigen Kegel seines Vulkans und Faial, die freundlichste Insel der Azoren. Als es zu dämmern begann, rundete *Atair* die weit ausladende Mole und ankerte dicht neben *Talofa*, die schon seit einem Tag im Hafen lag.

Im Café Sport hatte sich seit unserem letzten Besuch 1978 wenig geändert, wenn man davon absieht, daß die Inflation auch diese entlegene Ecke Europas mittlerweile erreicht hatte. Ich meine damit weniger die finanzielle, als vielmehr die der Reizschwellen. Früher war es üblich, daß der Skipper dem gastfreundlichen Besitzer des Lokals zur Erinnerung und als Dank einen Wimpel überreichte, mit einer Widmung versehen oder mit den Unterschriften der Crew. Jetzt reichte diese Geste nicht mehr aus. Der moderne Segler wußte nämlich besser als die alten Langweiler, was »echt stark« war: Freundlich, aber auch nachsichtig lächelte Peter, der eigentlich José Azevedo heißt, und kletterte auf einen Stuhl, mit drei, vier Nägeln zwischen den Lippen und einem Hammer in der Hand. Und dann nagelte der Wirt unter dem Johlen der Anwesenden ein mitgebrachtes Damenhöschen oder eine ausgediente Helly-Hansen-Kombination an die Decke, denn die Wände waren alle längst bepflastert mit vielerlei Souvenirs.

Aber sonst war alles beim alten in dem gemütlichen Café, wo sich traditionell alle Hafenlieger im Lauf des Tages wenigstens einmal treffen. Hier ist die Drehscheibe des atlantischen Yachtzirkus': Im Frühsommer trudeln, von Westindien kommend, Charter- und Fahrtenyachten ein, um entweder für die beginnende Saison ins Mittelmeer zu verlegen oder um wieder zurückzukehren ins kalte Nordeuropa. Andere sind auf dem Weg vom Mittelmeer nach England oder Skandinavien, und ein paar wenige kommen aus dem Süden herauf, solche wie wir, die weltfremd einem Treiben zusehen, das sie schon lange vergessen glaubten.

Hier trifft man die ganz vortrefflichen Segler, die in vierzehn Tagen seit Gibraltar alles erlebt haben wollen, was das Hochseesegeln bietet. So berichtete man uns von fürchterlichen Stürmen vor der portugiesischen Küste, die uns in den Wetterberichten völlig entgangen waren. Eigentlich war jeder schneller als der andere, immer mit der Nase vorn, immer besser als der Rest, voll und ganz dem Erfolgsstreben verhaftet.

»Wie lange seid ihr unterwegs gewesen?« fragte mich lauernd ein Yankee, der diesen »bloody trip« schon zum dritten Mal machte.

»Oh, siebenunddreißig Tage. Wir sind ganz zufrieden«, meinte ich zuversichtlich.

»Das ist verdammt noch mal die längste Überfahrt, von der ich je gehört habe«, kam das vernichtende Urteil. Aber wenigstens verschluckte er sich an seinem Bier, als ich ihm erklärte, welche Strecke ich gemeint hatte.

Die Hafenmauer von Horta auf den Azoren

Auch bei ganz lächerlichen Anlässen zeigte sich wieder die Geltungssucht und Habgier, die wir jahrelang vergessen hatten. Eines Tages faßte ich den Entschluß, ein Bildchen an die Hafenmauer zu malen. Wohl alle Yachtbesatzungen, die Horta besuchen, haben sich hier in Inschriften und Malereien verewigt, und einige davon sind recht originell. Als ich am zweiten Tag die letzten Pinselstriche auf dem rauhen Beton anbrachte, hüpfte ein etwa fünfjähriges Mädchen hinzu.

»Was machst du da?« Ohne eine Antwort abzuwarten, plapperte sie weiter: »Papa und Mama malen dort drüben ein viel schöneres Bild. Das wird sicher fotografiert. Deins nie, sagen sie!«

»So, so«, meinte ich geduldig und wischte die Pinsel aus.

»Aber sie kommen dann in die Zeitung, zu Hause in Deutschland, und du nicht!«

Dicker Nebel und flaue Winde begleiteten uns auf einem großen Teil der Weiterreise zum Englischen Kanal. Doch nun hatten wir ein neues Crewmitglied an Bord. Bärbels Vetter aus Bremen sorgte voller Elan dafür, daß uns die Zeit nicht lang wurde. Denn plötzlich hatte uns die Ungeduld gepackt. Wir wollten nach Hause. Trotz Müll auf dem Wasser, trotz verdreckter Flüsse, trotz Tschernobyl – nur heim, und koste es, was es wolle. Was es wolle? Als sich in Brunsbüttel endlich das schwarze, vom Regen triefende Schleusentor langsam hinter uns schloß, starrten Bärbel und ich wie gebannt hinaus auf das Stück schmutzig-brauner Elbe, das immer kleiner wurde. Mit einem Ruck rastete das Tor ein und verriegelte den Blick nach draußen.

Wir fühlten uns wie ausgesperrt.

Drei-Minuten-Reis

Bei ruppigem Seegang kann das Garkochen von Reis sehr lästig sein. Hier ist eine Methode, die Zeit und Heizenergie auf ein Minimum reduziert. Elke von der Pinocchio *hat sie uns verraten: Auf je eine Tasse Reis gibt man zwei Tassen kochendes Wasser und läßt die Mischung drei Minuten köcheln. Dann nimmt man den geschlossenen Topf vom Feuer, wickelt ihn in ein Handtuch und stellt ihn, mit Decken umhüllt, in eine Koje. Eine halbe Stunde später ist der Reis gar.*

Die Finanzen

Kaum etwas (von der Gesundheit abgesehen) ist so geeignet wie das liebe Geld, eine Reise entweder zu einem großartigen Erlebnis oder zu einem Alptraum zu machen. Immer wieder werden wir gefragt, wie wir unsere Mittel disponierten, wie wir sie deponierten, wieviel wir wo für welche Zwecke brauchten und ob man unterwegs hinzuverdienen kann.

Geldsendungen ins Ausland: Ein uns seit vielen Jahren vertrautes Kreditinstitut (Sparkasse) überwies uns prompt die telegraphisch oder mit Telex angeforderten Beträge per money order. Mit folgenden Banken machten wir schlechte Erfahrungen: der Chase Manhattan Bank auf Barbados und der Indosuezbank auf Tahiti. Bei beiden berechnete man ungebührlich hohe Kommissionen, und die C. M.-Bank hielt uns wochenlang mit der Auszahlung hin. Andere Filialen dieser Banken mögen kundenfreundlicher sein.

Reiseschecks, Scheckkarten: Wir benutzten nur US-$-Travellercheques und hatten damit keine Probleme. Kreditkarten sind manchmal bequemer, und einige unserer Bekannten schwören darauf. Aber nicht überall ist man auf bargeldlose Zahlung eingerichtet, und westlich von Panama nimmt die Dichte der Banken und großen Hotels dramatisch ab.

Kautionen: Seit einigen Jahren verlangen die französischen Behörden bei der Einreise in den von ihnen verwalteten Teil Polynesiens Hinterlegungssummen. Ihre Höhe richtet sich nach dem Preis einer Rückflugkarte in die Heimat des Besuchers. Deutsche wurden damals mit 1600 $ pro Kopf zur Kasse gebeten, die bei Verlassen des Überseeterritoriums wieder zurückbezahlt wurden – leider zinslos und unter Abzug einer Bearbeitungsgebühr von rund 20 $ pro Person. Es ist unmöglich, sich um die Entrichtung der Kaution zu drücken, selbst französische Staatsbürger müssen bezahlen. Trotzdem glaubte manch einer, einen besonders raffinierten Dreh gefunden zu haben, zum Beispiel, indem er angab, nur vier Wochen im riesigen Französisch-Polynesien bleiben zu wollen. Er klarierte, ohne bezahlt zu haben, drei Wochen nach seiner Ankunft ordnungsgemäß nach Samoa aus und verließ den Hafen von Papeete. Dann rechnete er damit, unerkannt alle übrigen Gesellschaftsinseln besuchen zu können. Doch eines Tages wurde er von einem Streifenboot der Gendarmerie Nationale bei Moorea gestellt und konnte von Glück sagen, daß die Franzosen geneigt sind, auch mal beide Augen zuzudrücken. Aber solch unverantwortliches Verhalten fällt auf uns alle zurück.

Nachweis über ausreichende private Geldmittel: In zunehmendem Maße leiden die Länder des Südpazifiks unter Arbeitslosigkeit und leeren öffentlichen Kassen. Daher ist es verständlich, daß man sich derer entledigen will, die als mittellose Fremde dem Staat zur Last fallen könnten. Kautionen sind dazu ein probates Mittel, aber Fiji, Neuseeland und Australien haben sich etwas anderes einfallen lassen. Jeder Besucher hat hier den Nachweis zu erbringen, daß er sich während seines Aufenthalts aus eigenem Vermögen versorgen kann. 1987 erachtete Neuseeland 250 $ pro Person und Monat als ausreichend. Findige Yachties haben schon versucht, sich kurzfristig die nötigen Summen zu leihen, vorzuzeigen und dann wenige Stunden später an die Eigentümer zurückzugeben. Sicherlich ein schlauer Trick, aber wie sonst gilt auch hier: Es ist nur eine Frage der Zeit, bis diese Lücken im Gesetz geschlossen und die Bestimmungen verschärft werden.

Geld verdienen unterwegs: Es ist immer noch möglich, aber legale Arbeitsverhältnisse sind äußerst schwierig zu bekommen und nur dann, wenn sie an eine Aufenthaltserlaubnis gekoppelt werden können. Neuseeland bringt jedes Jahr eine Liste der gefragten Berufe auf den neuesten Stand. Hat man das Glück, den eigenen darauf zu finden, liegt dennoch oft ein dornenreicher Weg vor dem Arbeitssuchenden. Der potentielle Arbeitgeber muß beispielsweise nachweisen können, daß er keine einheimische Arbeitskraft findet, die den Arbeitsplatz ebensogut besetzen könnte. Illegale Jobs zu Dumpinglöhnen sind ein gefährlicher Ausweg. Leute unseres Bekanntenkreises, die solche annahmen, waren beschäftigt als Serviererin, Tellerwäscher, Bauarbeiter, Apfelpflücker und Aushilfskraft auf Werften. Doch wer erwischt wird, gilt als unerwünschte Person und muß das Land verlassen.

Gelegenheitsarbeit der Segler untereinander ist so sehr Nachfrageschwankungen unterworfen, daß ein Verdienst daraus eher zufällig ist. Allerdings bietet sich hier ein weites Betätigungsfeld, das bei entsprechender Planung viel besser genutzt werden könnte. Wir trafen eine deutsche Yacht, deren Eigner eine komplette Werkstatt mit Schweißgerät, Fräse, Bohrwerk, Drehbank und anderem an Bord hatte. Er führte viele auf Yachten anfallende Arbeiten gut und zügig aus, nahm 20 $ für die Stunde und fuhr offenbar nicht schlecht dabei. Ein anderer segelte mit einer bemerkenswerten Mini-Zahnarztpraxis über die Weltmeere, ein dritter erledigte als Taucher Unterwasserarbeiten, ein vierter machte zwischendurch Überführungen. Der Phantasie sind hierbei keine Grenzen gesetzt. So fährt der Segler *Brigitte* schon seit Jahren Fracht zwischen Südafrika, St. Helena und Brasilien.

Chartern scheint immer noch vielen der Schlüssel für ein sorgenfreies Leben unter der Tropensonne zu sein. Doch ist es ein großer Irrtum zu glauben, daß zahlungskräftige Gäste nur darauf warten, auf einer Yacht ihr gutes Geld loszuwerden. Heutige Kunden haben verwöhnte Ansprüche. Jeder, der sich mit Charterabsichten trägt, möge sich fragen: Habe ich ausreichend Privatsphäre für meine Gäste an Bord, gibt es eine leistungsfähige Kühlanlage, mindestens zwei Dingis, eine komfortable Dusche und nicht zuletzt: Fühle ich mich psychisch imstande, mein Heim dauernd mit Fremden zu teilen? Auf jeden Fall aber gibt es erdrückende Konkurrenz in Westindien, auf Tahiti und anderswo, wo Chartern professionell und mit harten Bandagen betrieben wird.

Unsere Kosten: In fünfeinhalb Jahren verbrauchten wir inklusive aller Nebenausgaben zweieinhalb Jahresgehälter eines Normalverdieners. Die teuersten Plätze waren für uns England, Martinique, die amerikanischen Virgin Islands und Tahiti. Die billigsten Spanien, Galapagos, Südafrika und die Azoren.

Fisch gegrillt nach polynesischer Art

Diese Speise wird auf Bananenblättern serviert und sollte mit den Fingern gegessen werden. Nie wieder hat uns gebratener Fisch besser geschmeckt, obwohl keinerlei Gewürze verwendet werden.

Zutaten: Haufenweise totes Korallengestein, Bast von Kokosnüssen, ganze, nach Südseemanier ausgenommene Fische.

Zubereitung: Man gräbt eine flache Kuhle in den Sand des Lagunenstrandes, häuft darin den trockenen Bast auf und entzündet ein Feuer. Wenn kaum noch Flammen emporschlagen, legt man die Steine dicht beieinander auf die Glut und die Fische obenauf. Mit einem dünnen Stäbchen kann man prüfen, ob die Mahlzeit gar ist. Bleibt beim Herausziehen Fleisch daran haften, darf man sich bedienen.

Nach Tschernobyl

Wir sind wieder daheim. In einigen Monaten hatten wir uns nolens volens wieder eingelebt, und wenn wir die mitgebrachten Dias betrachteten, erschien uns die zurückliegende Zeit beinahe wie ein Traum. War es wirklich erst ein paar Jahre her, daß wir braungebrannt und barfuß an der Lagune von Uvea spazierengingen?

Hin und wieder fuhr ich nach Laboe auf die Werft, wo *Atair* abgetakelt an Land stand und auf einen Käufer wartete. Dann stellte ich mich an ihren Bug, der jetzt nach Osten zeigte, und malte mir in Gedanken aus, wie es damals war.

Wo sich früher Palmen im Passatwind wiegten, stand jetzt ein dreibeiniger Uferkran, den Sandstrand hatte eine rostige Spundwand ersetzt, und an Stelle des warmen, türkisfarbenen Wassers der Lagune erstreckten sich nun die Schienen einer Slipanlage in die graue Förde.

Irgendwie gewöhnte ich mich daran, weiße Segel draußen vorbeiziehen zu sehen und nicht mehr dabei zu sein, wenn Boote seeklar gemacht wurden für weite Reisen. Bärbel schien die Umstellung noch leichter gefallen zu sein. Sie bastelte am Haus, werkelte im Garten und freute sich über Frühlingsblumen und blühende Apfelbäume genauso wie seinerzeit über Bougainvilleasträucher, Gardenien und die Farbenpracht tropischer Riffe.

Aber unsere scheinbare Zufriedenheit täuscht, denn wir leben in einer Oase der Ruhe – wie unter einer zerbrechlichen Glaskuppel. Während in Schleswig-Holstein blühende Rapsfelder golden in der Sonne leuchten, hat sich irgendwo am Rhein wieder ein Abflußrohr »aus Versehen« geöffnet. Während bei uns im benachbarten Gehölz Tauben gurren und ein Specht gegen die Borke einer uralten Eiche trommelt, wird anderswo ein Atomkraftwerk wegen einer »harmlosen« Störung abgeschaltet. Grenzwerte bestimmen unser Leben, sind zur Norm geworden für Essen und Trinken, Wasser und Luft. Der Regen, den wir unterwegs mit dem Sonnensegel auffingen und als gutes Trinkwasser in einen besonderen Tank leiteten, ist hierzulande längst ungenießbar geworden und zerstört Bauwerke und Wälder. Um Kaffeewasser zu holen, gingen wir in Neuseeland hinunter zum Fluß – im Rheinland dagegen mußten viele Gemeinden aus Tankwagen versorgt werden, weil die pharmazeutische Industrie mit »unbedenklichen« Farbstoffen wieder einmal Grenzwerte überschritten hatte.

Wann endlich wird man einsehen, daß es nicht damit getan ist, stolz zu verkünden, man produziere in Bereichen unterhalb der Grenzwerte? Wie lange wird es noch dauern, bis man begreift, daß auch die kleinste Menge Gift in Organismen kumuliert und schließlich die Grenze zwischen Leben und Tod erreicht wird?

Und doch: In unserer Republik werden der Bevölkerung wenigstens Daten zugänglich gemacht – anderswo unterbleibt sogar das. So gibt es beispielsweise für ganz Französisch-Polynesien keine öffentliche Gesundheitsstatistik mehr, seit General de Gaulle 1966 auf dem Mururoa-Atoll die ersten Nuklearbomben zünden ließ. Den Bewohnern des Territoriums wurde versichert, daß kein radioaktives Staubkorn jemals auf eine bewohnte Insel fallen würde, obwohl im Radius von nur 243 Seemeilen um Mururoa zwei besiedelte Inseln liegen.

Hunderte Menschen auf Tureia und Mangareva wurden nicht einmal gewarnt, als die Bomben – damals noch in der Atmosphäre – explodierten. Erhöhte Radioaktivität wurde wenig später sogar im 2000 Seemeilen entfernten Samoa gemessen. Von dadurch bedingten körperlichen Mißbildungen und Krebserkrankungen erfährt man indessen kaum etwas, denn ziviles Personal ist in den Krankenhäusern Tahitis längst weitgehend durch Militär ersetzt. 1984 waren 83 von 111 Medizinern in Französisch-Polynesien Militärärzte, die ihre Berichte geheimhielten.

Und anderswo in der »friedlichen« Südsee sieht es nicht viel besser aus. Für die nukleare Verseuchung Mikronesiens sind die Amerikaner verantwortlich. Bikini mußte wieder evakuiert werden, nachdem sechzig Mikronesier versuchsweise in ihre zerbombte Heimat hatten zurückkehren dürfen. Strontium 90 hatte aber bereits das Blut der Menschen vergiftet. Für die nächsten 24000 Jahre sind Inseln im Eniwetok-Atoll durch Plutonium und Strontium unbewohnbar geworden, nachdem dort insgesamt 66 Atomsprengkörper detonierten; auf anderen Inseln der Marshall-Gruppe leben die Bewohner in ständiger Angst. Gleichgültig erklärte ein amerikanischer Politiker: »Who cares about 15000 Islanders – wen kümmern schon 15000 Insulaner?« Da haben wir aber Glück gehabt, daß wir ein Millionenvolk sind! Aber wir selbst leiten ein, verklappen, deponieren, schaffen Endlagerstätten, verpesten die Luft mit Stickoxyden, Blei, Schwefel und Fluorchlorkohlenwasserstoffen und halten uns dennoch für besser als andere – wieder mal! Weil unser Umweltbewußtsein wächst. Die Grünen lehrten die etablierten Parteien das Fürchten, und langsam hat eine Entwicklung in die richtige Richtung begonnen. Viel zu langsam, obwohl wir reichen Deutschen es uns leisten könnten, sie zu beschleunigen.

Dabei ist, global gesehen, die Uhr längst abgelaufen, und wir könnten die Talfahrt lediglich etwas verzögern. Denn der überwiegende Teil der Menschheit denkt gar nicht daran, unserem unausgegorenen ökologischen Konzept zu folgen. An allen Ecken und Enden fehlt das Geld, um den Schwachen in der Dritten Welt auch nur das Überleben zu ermöglichen. Bedürfnisse, die unsere Industrie durch Werbekampagnen weltweit erst schuf, sollen befriedigt werden. Denn für industrielles Wachstum benötigen wir in den entlegensten Winkeln der Erde Absatzmärkte. Tatsächlich ziehen inzwischen manche Polynesier Corned-beef dem viel gesünderen Fisch vor, Colagetränke sind begehrter als Fruchtsaft. Auch auf kleinen geschützten Lagunen sieht man praktisch keine besegelten Kanus mehr. Außenbordmotoren knattern von Motu zu Motu, und an den einsamsten Stränden stolpert man über Plastiklatschen, Konservendosen und Styropor.

Die Müllbeseitigung ist auf vielen Inseln »noch kein Problem«: In den amerikanischen Virgin Islands sind vielerorts in vorbildlicher Weise Abfalltonnen aufgestellt. Aber wohin gelangt der eingesammelte Unrat? Auf St. Thomas reicht er als riesige Halde bis an die Küste, und Bulldozer schieben ihn ungerührt in die blaue See. Dasselbe sahen wir auf Tahiti, Samoa und Fiji, in Panama und in der Dominikanischen Republik. So oder in weniger auffallender Weise wird die Abfallbeseitigung vielerorts betrieben, wo der Ozean eine scheinbar bequeme Endlagerstätte bietet. Müllverbrennungsanlagen wären viel zu teuer, und andere Sorgen wiegen schwerer. So schließt sich wieder einmal ein Teufelskreis: Bis diese Enkelländer der Zivilisation den Kinderschuhen des Industriezeitalters entwachsen sind, qualmt bei uns vielleicht schon lange kein Schornstein mehr, und möglicherweise schwimmen wieder gesunde Fische im Rhein. Aber Brasilien hat wohl bis dahin den Amazonaswald endgültig abgeholzt. Amerikanische Pseudokultur dürfte den pazifischen Raum hoffnungslos gleichgeschaltet haben, und japanischem wie europäischem Massentourismus zuliebe tragen dann ferne Inseln betonierte Landepisten, Inseln, deren Namen bis heute kaum jemand kennt.

Warum sollte die Dritte Welt klüger sein als wir vor zweihundert Jahren? Es wäre vermessen zu glauben, daß andere Völker unsere Fehler nicht wiederholten. In verhängnisvoller Weise hat sich die abendländische Kultur vielen ursprünglichen Kulturen so überlagert, daß sie uns inzwischen ausgeliefert sind. Diese traurige Wahrheit hat der Südseehäuptling Tuivaii aus Samoa zum Thema einiger Reden an sein Volk gemacht. Wer den *Papalagi* kennt, wird es verstehen.

»Schwarzmalerei«, werden Segler sagen, die noch unterwegs sind, und angesichts eines zauberhaften Atolls mitleidig lächeln über einen, der anscheinend Vergangenem nachtrauert und falsche Schlüsse zieht. Andere werden ärgerlich die Augenbrauen zusammenziehen, weil sie gerade auf der Ausreise sind und all das Wunderbare erleben wollen, das hinter uns liegt. Die Mühlen der Natur mahlen sicher, aber langsam. Deshalb will ich denjenigen, der es besser zu wissen glaubt, nicht entmutigen in seinem Streben, und jene, die gern Unliebsames verdrängen, haben vielleicht noch einige Zeit gewonnen. Die Beneidenswerten, die irgendwo in der Südsee im Licht des Sonnenuntergangs vor Anker liegen, will ich bestärken in ihrer Hoffnung, daß noch viele wunderbare Jahre unter dem Kreuz des Südens vor ihnen liegen. Aber den Debütanten und jenen, die noch zögern, obwohl es sie in die Ferne zieht, rate ich: »Segelt los, so schnell ihr könnt.« Denn zunehmend wird das große Erlebnis des Langstreckensegelns beschnitten.

Die europäischen Küstenstaaten stöhnen über Ölpest an ihren Stränden, über Fisch-, Vogel- und Robbensterben, über umkippende Meere. In Westindien wachsen die kriminellen Delikte, und Charterbootflotten überfluten ehemals einsame Buchten. Das Beispiel der Franzosen, Yachten in Polynesien mit Kautionen zu belegen, greift auf andere Inselstaaten des Südpazifiks über, aber viel gravierender sind auch dort ökologische Veränderungen. So gibt es in den Lagunen der großen Gesellschaftsinseln wie Tahiti oder Moorea kaum noch höher entwickeltes Leben, denn die Polynesier fangen alles, was wie ein Fisch aussieht.

Neuseeland erläßt immer restriktivere Einreisebestimmungen, gewisse Inseln im Indischen Ozean können nur noch mit spezieller Genehmigung angelaufen werden, die man sich umständlich vorher besorgen muß. Indonesien ist für Yachten bereits so gut wie gesperrt. Und wie sich die Verhältnisse in Südafrika entwickeln werden, weiß niemand, vom Roten Meer ganz zu schweigen.

So war die Situation 1986, und ich glaube kaum, daß sich seitdem irgendwo etwas für Segler zum Besseren entwickelt hat. Denn über eines sollten sich alle klar sein, die von der Freiheit der Meere träumen: Segler sind mancherorts den Behörden ein Dorn im Auge, weil sie sich heute hier und morgen dort aufhalten können, weil sie kommen und gehen, wann es ihnen gefällt, und schwer zu überwachen sind. Zigeuner werden immer mit Argwohn behandelt.

Aber was bedeutet das alles für die Zurückblickenden, die jetzt an Land leben? Ich erinnere mich an unseren Abschied von der Südsee, die wir trotz allem so lieb gewonnen hatten. Es war im Juni 1985 auf dem großen Atoll Uvea in den Loyalty Islands. Dort sammelten wir noch einmal Schnecken vor rauschenden Kokospalmen, hinterließen Fußspuren im unberührten Sand meilenlanger Strände, die sanft vom türkisfarbenen Wasser der Lagune gestreichelt wurden. Ich denke an den Fischfang am Paß, wo die Strömung mächtig nach draußen in die blauen Tiefen zieht; daran, wie wir Kokosnußbier brauten und es gedankenverloren unter dem sternübersäten Himmel tranken; wie die Brandung am Riff dröhnte und die Sternschnuppen hinter den schwarzen Palmwedeln fielen und verlöschten.

War das wirklich zum letzten Mal?

Oder wird uns eines Tages wieder die Sehnsucht packen, der Ruf der Südsee locken, dieses letzten großen Seglerparadieses?

Wir wissen es nicht.

Literaturverzeichnis

Aßmann, Kurt: Der Krieg zur See 1914–1918, Berlin 1937
Bligh, William: A Voyage to the South Sea, Adelaide 1969 (Faksimile)
Christian, Erwin, und Bagnis, Raymond: Les Iles de Tahiti, Bora Bora, 1983
Cook, James: Entdeckungsfahrten im Pazifik. Die Logbücher der Reisen 1768–1779. Dt. Übersetzung der Originalausgabe, New York 1965
Cumberland, Kenneth: Landmarks, Sydney 1981
Deutsches Hydrographisches Institut: Handbuch der Westküste Südamerikas, II. Teil, Hamburg 1969
Deutsches Hydrographisches Institut: Westindien-Handbuch, II. Teil, Hamburg 1967
Fricke, Hans W.: Korallenmeer, Stuttgart 1972
Hass, Hans: Wir kommen aus dem Meer, Berlin 1957
Hiscock, Eric: Come Aboard, Oxford 1978
Hydrographer of the Royal Navy: Pacific Islands Pilot Vol. III, Ninth Edition, Taunton 1969
Koch, Ernst-J.: Hundeleben in Herrlichkeit, Bielefeld 1973
Krauss-Meldau: Wetter- und Meereskunde für Seefahrer, Berlin, Heidelberg, New York 1973
Leip, Hans: Bordbuch des Satans. Geschichte der Freibeuterei, München 1966
Luckner, Felix Graf: Seeteufel – Abenteuer aus meinem Leben, Stuttgart 1979
Meadows, Dennis, et al.: Die Grenzen des Wachstums. Bericht des Club of Rome zur Lage der Menschheit, Stuttgart 1972
Müller-Krauss: Schiffsführung Band I, 5. Auflage, Berlin 1956
Oliver, Douglas L.: The Pacific Islands, The University Press, Hawaii 1979
Reader's Digest: Wild New Zealand, Sydney 1982
Reader's Digest: Southern Afrika. Land of Beauty and Splendor, Capetown 1981
Reader's Digest: Illustrated Guide to Southern Africa, 4th Edition, Capetown 1985
Schuhmacher, H.: Korallenriffe. Ihre Verbreitung, Tierwelt und Ökologie, München 1976
Stanley, David: South Pacific Handbook, Chico (CA) 1982
Tolkien, J. R. R.: The Lord of the Rings, London 1966

Zeittafel

17.5.**1981**	Start in Kiel
24.5.	Start in Cuxhaven
27.5.–2.6.	in Den Helder
4.6.–6.6.	bei Margate vor Anker
7.6.–26.6.	an Englands Südküste
27.6.–2.7.	von Cowes nach La Coruña
3.7.–21.8.	an der galizischen Küste
22.8.–27.8.	von Bayona nach Madeira
28.8.–20.9.	auf Madeira
21.9.–23.9.	von Madeira nach den Kanarischen Inseln
24.9.–5.11.	auf Teneriffa
6.11.–6.12.	von Teneriffa nach Barbados
7.12.**1981**–15.12.**1982**	in den Kleinen und Großen Antillen
16.12.–22.12.	von der Dominikanischen Republik nach Panama
3.1.**1983**	durch den Panamakanal
4.1.–23.1.	in Balboa
24.1.–6.2.	auf Taboga und in den Las-Perlas-Inseln
7.2.–20.2.	von den Las Perlas nach Cocos
21.2.–28.2.	auf Cocos
29.2.–6.3.	von Cocos nach Tower (Genovesa)
7.3.–11.3.	auf Tower
12.3.	von Tower nach Santa Cruz
13.3.–20.3.	in Academy Bay (Santa Cruz)
21.3.–29.4.	von den Galapagos zu den Marquesas
29.4.–11.5.	in der Jungfrauenbucht von Fatu Hiva
12.5.	nach Hiva Oa
13.5.–22.5.	auf Hiva Oa
23.5.–27.5.	von Hiva Oa nach den Tuamotus
28.5.–14.6.	in den Tuamotus
15.6.–18.6.	von Ahé nach Tahiti
19.6.**1983**–12.5.**1984**	in den Gesellschaftsinseln
13.5.	von Tahaa nach Mopelia
14.5.–20.6.	auf Mopelia
21.6.–28.6.	von Mopelia nach Samoa
29.6.–17.7.	in Pago Pago (US-Samoa)
18.7.–20.7.	von Pago Pago nach Neiafu/Vavau (Tonga)
21.7.–6.9.	in der Vavau-Gruppe (Tonga)
7.9.–12.9.	von Vavau nach Suva (Fiji)
13.9.–2.11.	in Fiji
3.11.–11.11.	von Fiji nach Neuseeland
12.11.**1984**–11.5.**1985**	in Neuseeland

12.5.–20.5.	von der Bay of Islands (Neuseeland) nach Uvea (Loyalty Islands)
21.5.–1.6.	auf Uvea
2.6.–11.6.	von Uvea nach Cairns (Queensland)
12.6.–15.7.	entlang der australischen Ostküste bis Cape York
16.7.–22.7.	von Possession Island (Cape York) nach Darwin
23.7.–6.8.	in Darwin
7.8.–30.8.	von Darwin nach Cocos Keeling
31.8.–10.9.	auf Cocos Keeling
11.9.–5.10.	von Cocos Keeling nach Farquhar
6.10.–12.10.	auf Farquhar
13.10.–16.10.	von Farquhar nach Mayotte (Komoren)
17.10.–28.10.	auf Mayotte
29.10.–11.11.	von Mayotte nach Richards Bay (Südafrika)
12.11.**1985**–16.3.**1986**	in südafrikanischen Gewässern
17.3.–29.3.	von Hout Bay nach St. Helena
30.3.–8.4.	auf St. Helena
9.4.–15.5.	von St. Helena nach Horta (Azoren)
16.5.–4.7.	in Horta
5.7.–24.7.	von Horta nach Helgoland
25.7.–27.7.	auf Helgoland
28.7.**1986**	von Helgoland nach Cuxhaven

Bitte beachten Sie
die folgenden Seiten:

Alexander Kent
17 marinehistorische Romane um Richard Bolitho und 18 moderne Seekriegsromane

Ursel und Friedel Klee
... und immer mal wieder liegt Land im Wege (20354)

Wolfgang J. Krauss
Seewind (20282)
Seetang (20308)
Weite See (20416)
Kielwasser (20518)
Ihr Hafen ist die See (20540)
Nebel vor Jan Mayen (20579)
Wider den Wind und die Wellen (20708)
Von der Sucht des Segelns (20808)

Sam Llewellyn
Laß das Riff ihn töten (22067)

Bernard Moitessier
Kap Hoorn – der logische Weg (20325)
Der verschenkte Sieg (20369)

Wolfram zu Mondfeld
Das Piratenkochbuch (20869)

Nicholas Monsarrat
Der ewige Seemann, Bd. 1 (20227) und Bd. 2 (20299)

Hank Searls
Über Bord (20658)

Antony Trew
Regattafieber (20776)

Karl Vettermann
Barawitzka segelt nach Malta (20383)
Die Irrfahrten des Barawitzka (20568)

Hugo Wehner
Tagedieb und Taugenichts (20432)

James Dillon White
7 Romane um Roger Kelso

Richard Woodman
Die Augen der Flotte (20531)
Kutterkorsaren (20557)
Kurier zum Kap der Stürme (20585)
Die Mörserflottille (20666)
Die Korvette (20742)
Die Wracks von Trafalgar (20787)
Der Mann unterm Floß (20881)
In fernen Gewässern (22124)

Cecil Scott Forester

Die Hornblower-Romane

Fähnrich zur See Hornblower
Ullstein Buch 422

Leutnant Hornblower
Ullstein Buch 441

Hornblower wird Kommandant
Ullstein Buch 462

Der Kapitän
Ullstein Buch 481

An Spaniens Küsten
Ullstein Buch 502

Unter wehender Flagge
Ullstein Buch 529

Der Kommodore
Ullstein Buch 555

Lord Hornblower
Ullstein Buch 570

Hornblower in Westindien
Ullstein Buch 598

Hornblower auf der Hotspur
Ullstein Buch 2651

Zapfenstreich
Ullstein Buch 2834

ein Ullstein Buch

Alexander Kent

Die Richard-Bolitho-Romane

ein Ullstein Buch

Die Feuertaufe
Ullstein Buch 3363

Klar Schiff zum Gefecht
Ullstein Buch 3376

Die Entscheidung
Ullstein Buch 3402

Zerfetzte Flaggen
Ullstein Buch 3441

Bruderkampf
Ullstein Buch 3452

Der Piratenfürst
Ullstein Buch 3463

Strandwölfe
Ullstein Buch 3495

Fieber an Bord
Ullstein Buch 3522

Nahkampf der Giganten
Ullstein Buch 3558

Feind in Sicht
Ullstein Buch 20006

Der Stolz der Flotte
Ullstein Buch 20014

Eine letzte Breitseite
Ullstein Buch 20022

Galeeren in der Ostsee
Ullstein Buch 20072

Kanonenfutter
Ullstein Buch 20144

Admiral Bolithos Erbe
Ullstein Buch 20485

Der Brander
Ullstein Buch 20591

Donner unter der Kimm
Ullstein Buch 20973

Bill Beavis

Anker mittschiffs!

Heiteres aus dem Bordalltag

Ullstein Buch 20722

Ullstein maritim

Witz auf dem Wasser heißt die Devise! Denn Segler sind keine Trantüten. Hier geht's lustig zu, selbst wenn sich anderen die Haare sträuben: ein Buch voller Karikaturen, Anekdoten und Geschichten, so recht nach dem Herzen der Freizeitkapitäne. Ein ideales Geschenk und der richtige Muntermacher für jedes Fest an Bord und an Land.